ビッグテック はなぜ SF作家を コンサルにするのか

|SFプロトタイピングの実践|

佐々木俊尚
＋
小野美由紀

徳間書店

ビッグテックはなぜSF作家をコンサルにするのか

―SFプロトタイピングの実践―

佐々木俊尚
＋
小野美由紀

徳間書店

目次
Contents

第2章

【実践編】国内大手企業が見据える未来図

私が見た日本企業「ＳＦプロトタイピングの現場」

文責・小野美由紀

第5章

社内ワークショップをやってみる

未来の印刷会社はどうなる？「ありえそうな未来」を想像する！

「SF」で未来のビジネスを考える

〜まえがきにかえて〜

佐々木　2023年10月、新しい株式会社をスタートしました。本書のタイトルにも入れている「SFプロトタイピング」[*1]が、その社名です。作家の小野美由紀さんと僕とで共同代表を務めるかたちで運営しています。初めてこの名前を聞く方もいると思いますので、そもそもSFプロトタイピングとは何か、小野さんから説明していただけますか。

小野　はい。言葉の意味を簡単に説明すると、「SF」は文学の一ジャンル、「プロトタイピング」(prototyping) は「プロトタイプ＝試作品」をつくることを指します。つまり、SFの思考でプロトタイプをつくるということです。

具体的に何をするのかというと、SF作家と企業が協業して、近未来、例えば2050年の社会や世界はどのように変化しているのか、どんな社会形態になっていて、どんな技術があって、その未来世界で人々はどんなふうに暮らしているのか。そうしたことを事細かに想像するのです。

「ＳＦ」で未来のビジネスを考える

〜まえがきにかえて〜

そして、その未来の中で、自社が持っている技術やサービスなどがどのように活かされ、どんなふうに人々の生活を変え、どんな課題を解決しているのかを、さらに深掘りしていきます。製品開発や企業ビジョンの策定に用いられる手法・思考のプロセスの一つです。

佐々木　もともとはアメリカ西海岸のＩＴ企業やスタートアップの間で広まった手法ですね。インテル、マイクロソフトなどの大企業も取り入れている。現時点での商品開発であれば、実際にその事業に取り組んでいる人、今この時代を生きている人たちがやりますよね。当たり前のことですけれど。

ただ、それが２０３０年代、２０４０年代、２０５０年代……と、遠い未来になればなるほど社会はすごい勢いで変化していくし、10年先、20年先にどんな商品が必要とされているかなんて、ほとんどわからない。

小野　そうですね。これだけ変化の激しい時代になると、今の自社が持っている技術やサービスが、20年後の社会や企業の活動にどう結びつくのか、なかなか想像しにくいので、アイデア自体も出にくくなってきます。将来的にどんな問題が生じてくるのかもまったくわからない。

「仮置きした未来」のほうが実態に近い

佐々木　企業が進むべき道も見えづらくなってきますね。そこに、ＳＦ作家の想像力が活かされるという。

小野　そうです。未来は現在と地続きではありますけれど、決して今の延長線上にある線形の未来がやってくるわけではないんです。

例えば、２０２０年に起こった新型コロナウイルスによるパンデミックなどのように、その時点では描くことのできない未来が突然やってくることがあると、誰もが気づかされました。これで、将来に何が起こるかわからないという不安感や危機感のようなものが全世界で共有されたのだと思います。

それならば、ＳＦ作家の持っている現実を超越した想像力を使って、正解か不正解かではない「こんな社会があり得るかもしれない」というふうに未来を仮置きしてみたほうが、むしろ実態としてやってくる未来と近いものになるのではないか。そして、その中で個人や企業はどう振る舞うべきか、将来的には

「ＳＦ」で未来のビジネスを考える

～まえがきにかえて～

どんな技術が登場して、どんな製品が求められるのかを考えてみる――。

日本でもここ5年ぐらいでしょうか、徐々に大企業からベンチャーまで、ＳＦプロトタイピングを取り入れる企業が増えているのです。私もＳＦ作家として起業のワークショップ（以下、ＷＳ）に呼ばれ、あるいは自身でＷＳを行い、実際にＳＦプロトタイピング作品（小説）を執筆するという仕事をこれまで15件以上経験してきました。

佐々木　実際に取り入れている企業の例としては、マイクロソフトはプロダクトの開発方針を明確にするためにプロダクトビジョン（企業が目指す世界観）の策定を早くから行っています。短いビデオクリップなどを制作することで、未来のニーズに向けた開発をスムーズにさせている。ある先進国の国防省では、有事に備えたシミュレーションをＳＦプロトタイピングで行っているといいます。

小野　少し話がずれるかもしれませんが、中国ではＳＦブームが起きています。文学としてのＳＦは中国の１９９０年代に始まる経済発展とともに熱を帯びています。文化大革命時代（１９６６～１９７６年）の中国で地球外文明との交接を書いた劉慈欣《リウツーシン》の『三体』（大森望・光吉さくら・ワンチャイ訳、邦訳は早川書房・2019年）に代表される人気作品が多数出版されていて、世界的な評価も上がっています。そうしたフィクションの中にはSFプロトタイピング的な要素を持つ作品が少なくなく、想像力を飛躍させるための土壌も醸成されてきた印象はありますね。

佐々木　日本のアニメーション作品に関しても、今やSF的ストーリーが一般的になっています。新海誠監督の『君の名は。』（東宝・2016年）は前世の時代からお互いを知っていた高校生男女の物語だったし、同じく『天気の子』（同・2019年）などもヒロインは天気を晴れにできる特殊な能力者という設定でした。

テレビドラマにしても、宮藤官九郎さんの脚本『不適切にもほどがある』（TBS系・2024年）で、主人公の中年男が昭和から令和にタイムスリップをする。SF的な世界観設定は当たり前になっています。

小野　韓国でも未来を予見するような優れたSF作品が制作されています。『JUNG_E／ジョンイ』（Netflix・2023年）は人類が宇宙シェル

「ＳＦ」で未来のビジネスを考える

～まえがきにかえて～

ターに移り住み、人間の脳データを死後に売買できる世界を描いています。『ワンダーランド あなたに逢いたくて』（同・２０２４年）はもう少し近未来の世界観で、デジタルクローン技術により、亡くなった家族と死後も交信し続けられる世界を描いており、この技術が普及した後の人々の倫理観や社会生活への影響についてリアルに感じ取れる作品です。イギリス発の大人気テレビドラマシリーズ『ブラック・ミラー』（同・２０１１年～）も、現代にかなり近い世界観の中、架空の技術が導入された世界における人間の欲望や不安、喜怒哀楽を描くダークなＳＦ作品です。

このように「新しい技術が導入された後の人間はどうなるのか？」という疑問に応えてくれる思考実験的な作品が増えたのも、現実にあまりにも技術の進歩が早く、予測できない未来が来ることへの不安や興味が人々の間で大きくなり、「説得力ある未来像」へのニーズが高まってきているからだと思います。単なるエンタメ作品としてだけではなく、サイエンス・フィクションの力を企業にとって有力なビジネスツールとして活かせる時代がやってきたのです。

佐々木　ＳＦ作家の想像力が企業の未来に対して何をもたらすのか。そして、僕らがつくったスタートアップ「株式会社ＳＦプロトタイピング」に何ができるのかを、わかりやすくお伝えしていきたいと思います。

＊１　ＳＦプロトタイピング　https://www.sfprototyping.co.jp/

※以下、ＵＲＬは２０２４年９月11日時点

第1章

SFプロトタイピングにできること

未来を見通す力

佐々木　僕は小野さんと知り合う以前から、アメリカのビッグテックの動向をウォッチしていました。いわゆるＧＡＦＡＭ、グーグル、アマゾン、フェイスブック（現・メタ）、アップル、マイクロソフトに代表される巨大ＩＴ企業群ですね。こうした情報技術産業の多くが、早くからＳＦプロトタイピングを取り入れていました。そしてアメリカの国防総省も、ＳＦプロトタイピングで「未来の戦争はどういったものになるのか」など、国家的危機をシミュレーションする手法として活用していました。ただ、テクノロジーの進化はこれまでの未来予測を早々に追い越していきました。

例えば、Windows 95 の誕生を契機にインターネットが普及していった１９９５年から２０１０年ごろの時点で、インターネットが現在のように世界を変革してしまう存在になるとは思われてはいませんでした。それが２０１０年代後半からは急速に、自動運転、ＳＮＳ、スマホ、ロボットなど、絵画コンクールで子供が描く未来の世界のようなものたちが現実になってきました。

これは未来予測というわけではないのですが、42年前に公開されたリドリー・スコット監督のSF映画『ブレードランナー』（ワーナー・ブラザース・１９８２年）があります。この作品の舞台はアメリカ・ロサンゼルス、２０１９年の未来という設定でした。携帯電話はまだ出てこなくて、登場人物たちはもっぱら公衆電話を使っていましたが、登場するガジェットの中には現在ではすでに実現しているものもたくさんありました。デバイスに挿し込むＳＤカードのような記憶媒体、クラウド的なメディア、近未来都市に掲示されているデジタルサイネージなど。これらも現実としては２０００年くらいから普及していますよね。さらに近年では、生成ＡＩを一般ユーザーが普通に使える環境も整ってきました。

しかし、そうしたテクノロジーを使う側である人間の気持ちは、未来に向けた進化にまだまだ追い付けていなくて、うろたえている印象があります。

小野　「この先の未来ってどうなるの？」という、変化が見通せないことへの不安を持っている人は少なくありませんね。

佐々木　見通せない未来に向けて、想像力を活用したいという動きが社会全体にあるような気もしています。僕自身の仕事としても、2000年代に入ってからの流れを振り返ってみると、これからやってくる世界を考えるような「未来学」に近い仕事をしてきたのではないかと思うんです。

そうした足跡を、単純に自分の書籍として発表するばかりではもったいないんじゃないか。未来学的な仕事をベースにして、これからもっと進化していかねばならない人間の想像力を、僕なりに支えていくことができるのかもしれない。ジャーナリストの立場として、そうした想像力とビジネスとの接点を用意できるのではないかと考えるようになっていったんです。

小野　確かにその通りですね。この章ではまず、佐々木さんがこれまで見てこられたSFプロトタイピングの変遷と成り立ちについて、触れていただきたいと思います。

なぜアメリカの大手企業はSF作家をコンサルに雇うのか？

文責・佐々木俊尚

文学がテクノロジーとビジネスに橋を渡す

SFプロトタイピングは、SF作家の想像力を活用し、未来の事業や製品などのアイデアを考えようというコンサルティングの手法である。プロトタイピングは「試作する」という英単語で、つまり「SFでビジネスを試作する」という意味になる。

日本ではまだあまり知られていないコンサルティング手法だが、アメリカではすでに10年以上の歴史がある。SFプロトタイピングの先駆けとされているのは、半導体大手のインテル。同社が開発していた集積回路はライフサイクルが10年前後と長く、次世代の製品を開発するためには10年先の未来を考えなければならなかった。

そこで当時同社に勤務していた未来学者のブライアン・デイヴィッド・ジョンソン[*1]が、ＳＦ文学のテクニックによって10年先のビジネスの未来を描くというアイデアを思いついたのだという。このアイデアは、ジョンソンの２０１１年の著書『インテルの製品開発を支えるＳＦプロトタイピング』（島本範之訳、細谷功監修、邦訳は亜紀書房・２０１３年）で紹介されている。

２０１２年に、アリ・ポッパー[*2]という人物がサイフューチャー（SciFutures）という企業を設立した。これがＳＦプロトタイピングにとってはエポックメイキングなできごとで、同社はいまもＳＦプロトタイピングのリーディングカンパニーとして米国で名を轟《とどろ》かせている。

ポッパーはそれまで市場調査会社を経営していたが、自分の仕事に退屈し「新しいことにチャレンジしてみたい」とＳＦ小説の書き方講座に通ってみたのだという。自分がＳＦ作家として身を立てていくのは無理だとポッパーはすぐに悟ったが、しかし別の可能性に気づいた。ＳＦ作家の想像力を、ビジネスの未来を見通すために使えないだろうかと思いついたのだ。

これがサイフューチャー社として具現化した。同社は注目を集め、すぐに１００

人以上ものＳＦ作家と契約し、クライアントの求めに応じたオーダーメイドの作品を書いてもらうようになった。この契約作家の中には、世界中で大ヒットし映画化もされているＳＦの傑作『三体』[*3]の著者・劉慈欣も含まれているというから驚かされる。ニューヨーカー誌の「ＳＦでより良いビジネスを」（２０１７年7月30日掲載）という記事で、劉はサイフューチャーに参画した理由を聞かれてこう答えている。

「フリーランスの仕事としては、たいした報酬ではありません。しかしテクノロジーの進歩に関与し影響を与えられるチャンスを持てるのです。少なくとも、どういう製品に開発投資を行うのかを実際に決定するエグゼクティブたちに、自分の書いた作品が読まれるんですよ」

ＳＦに限らず、文学は社会に影響を与えることができる。しかし文学がテクノロジーやビジネスをダイレクトに生み出すわけではない。そこを橋渡しし、テクノロジー開発の最前線で戦っている企業に自分の作品を直接届けられるというビジョンは、劉のような世界的に著名なＳＦ作家にも魅力的に映ったということなのだろう。

未来の戦争を想像する欧米軍部

同じように、ＳＦプロトタイピングは米国の多くの企業に刺さった。クレジットカードのＶＩＳＡやペプシコ、フォードなどの名だたる大企業がサイフューチャーの顧客として名を連ねるようになったのである。どの企業も、未来のビジネスがどうなっていくのかを考えあぐねているのだ。

驚くことに、同社の顧客にはＮＡＴＯ（北大西洋条約機構）まで含まれている。テック系メディアのＣＮＥＴの記事「ＳＦの未来をイメージする」（２０１８年３月９日掲載）によると、サイフューチャーに依頼したＮＡＴＯの軍事ストラテジスト、マーク・トーチャー氏はＳＦプロトタイピングの意義についてこう答えている。

「ＳＦが現実のデザインに影響を与えたケースを見つけるのは難しくない。たとえば『スタートレック』シリーズを見ればいい。スタートレックの中ではＳＦでしかなかった折りたたみ式の携帯電話やタブレットは、その後に現実の製品になっている」

第 1 章
SFプロトタイピングにできること

この取り組みでは、未来の戦争についてNATOとサイフューチャーのスタッフがブレインストーミングしながらアイデアを出しあった。それをもとにSF作家や専門家のチームが未来の戦闘のシナリオを想像して、10以上のアイデアを成果物として制作。これをもとにワークショップを行い、NATOの高官数十人とのあいだでさまざまな議論を行ったという。

制作されたアイデアには、たとえばサイバー空間で戦う少年兵の物語があった。ウルグアイの12歳の少女が、それが現実につながっているとは知らずにオンラインゲームでターゲットを破壊する。1985年のSF作品『エンダーのゲーム』[*4]を思い起こす話である。

別のアイデアでは、中国人民解放軍の「恐怖大隊」という部隊が想像された。恐怖大隊の兵士たちは遺伝子操作をされており、彼らのフェロモンを嗅いだ敵兵士は激しい恐怖心を誘発されるのだという。

スマート銃が敵によってハッキングされ、民間人の虐殺を引き起こしそうになるというアイデアもあった。

これらのストーリーの終わりには質問も用意されており、この質問に答えるところから活発なディスカッションを誘発するという仕掛けも盛り込まれたという。

2010年代後半に入ると、サイフューチャー社にとどまらず欧米各国でSFプロトタイピングへの関心が広く高まってくる。フランスでは、国軍が独自に複数のSF作家と契約し、未来の戦争を想像するという試みも行っている。これを報じたイギリスのザ・テレグラフの記事「未来の脅威を想像するためフランス軍がSF作家による『レッドチーム』を結成」（2019年7月19日）によると、このレッドチームの目的は、仮想敵国やテロリストのグループがどのような新しいテクノロジーを使って攻撃を仕掛けてくるのかを予測することだという。

同様のSFプロトタイピング的な試みは、米軍でもかなり以前から行われているという話もある。きっかけは2001年9月11日の同時多発テロで、国防総省でのブレインストーミングにSF作家が同席するようになったとされている。

なぜ同時多発テロの後だったのだろうか。従来の軍事的な常識では、「民間の航空機をハイジャックして世界貿易センタービルや国防総省に突っ込ませる」というような突飛な攻撃は、軍事の専門家では想像すらできなかったからだという。20世紀の戦争は国と国の軍が戦う正規戦争だったが、同時多発テロは「テロリストが戦争行為を他国に仕掛ける」という新たな戦争をつくりだした。その後「非対称戦争」と呼ばれるようになったこの種の戦争は、20世紀的な常識にはまったく当てはまらないものだったのだ。

なるほど、と思わせる話だが、実はこの「専門家でも想像すらできなかった」というポイントが、SFプロトタイピングが求められている大きな背景になっている。21世紀はじめの非対称戦争を専門家でさえも予測できなかったように、現代のテクノロジーが進化した数十年後に何が起きるのかを予測するのは、現代の専門家には難しい。そこにSFプロトタイピングが求められる理由があるのだ。

自動車の発明が社会とライフスタイルを変えた

「そんなことはない」と否定したい人もいるだろう。「自動運転のクルマが進化すれば、空さえも飛んで無人のクルマが走るようになるだろうし、さらには宇宙空間を飛ぶロケットや宇宙ステーションも無人になり、将来は運転手やパイロットがひとりも要らなくなる。そんなの想定の範囲内じゃないか」と。

しかしそれらの予測は、単なる技術の進化の予測である。技術が進化していく先は、ある程度は見通すことができるのはおっしゃる通りである。無人の自動運転車が進化すれば、あらゆる乗りものが無人になるというのは、その通りだ。

しかし無人のクルマが普及した先に、その未来に生きている人々がどのような価値観を持ち、どのようなライフスタイルになっており、さらには人間関係や土地への感覚がどう変わっているのか。それらを予測するのは実は非常に難しい。

この難しさをリアルに認識してもらう方法として、過去から現在を照射してみるという手法がある。ガソリンエンジンで走る自動車は19世紀の終わりに発明され、100年以上をかけて進化し完成形になってきた。無人の自動運転車との比較を時系列で見ると、左ページの図のようになる。

Bの未来がどうなるかは、まだわれわれにはわからない。しかしAがどのような歴史的経緯を経て、どのように進化し普及してきたのかをわれわれは熟知している。だからまずAのプロセスを振り返ってみよう。

ガソリンエンジンで走る自動車が発明されたのは、1870年代から80年代にかけてのことである。今でも自動車メーカーに名前の残っているダイムラーやベンツが別々にガソリンエンジンを開発し、走行実験を行った。このとき自動車は、「馬車の進化版」くらいにしか思われていなかった。当時の陸上交通の中心は馬車だったからだ。ガソリンエンジンの出力に馬力（horse power）という単位が使われているのはその名残である。自動車は馬車よりも速く、ガソリンを補給すれば疲れることなくどこまでも走り続けることができる。おまけに馬のように路上に糞をすることもない。

　しかし自動車は、単なる「馬車の進化版」であるだけでなく、その後の社会やライフスタイルなどを大きく変えることにな

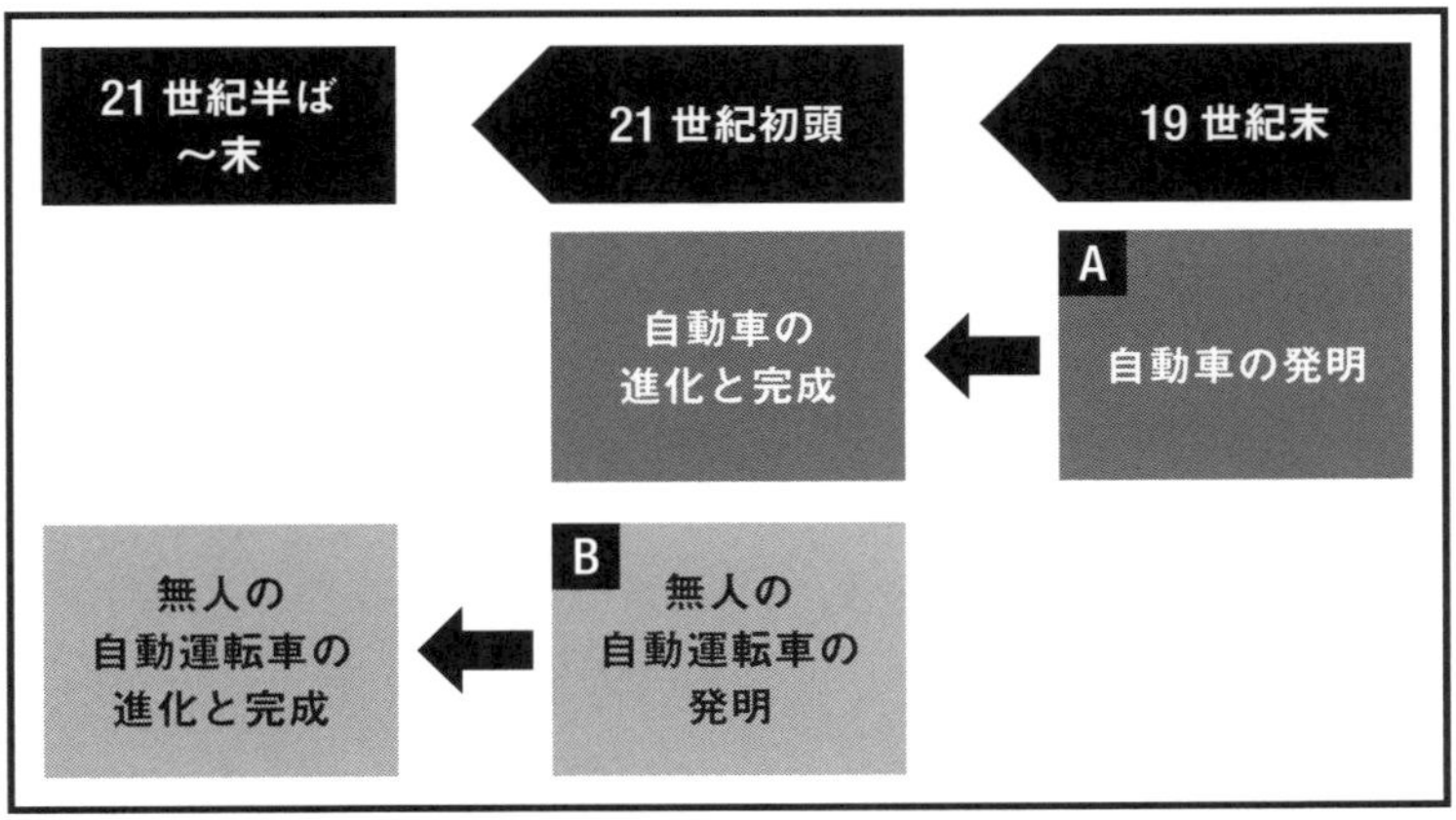

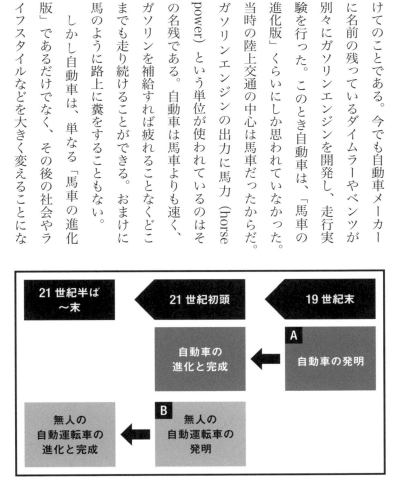

った。

少し時代を遡《さかのぼ》ると、18世紀にイギリスで始まった産業革命で蒸気機関が発明されると、それまで川の水力や馬を使って行われていた仕事が、蒸気機関で行えるようになった。糸をつむいで布をつくる紡績機械はそれまでは水力で動いていたので、かならず川のそばに工場をつくる必要があった。

しかし蒸気機関ができたことで「川のそば」の制限はなくなった。労働者がたくさん集まれるところに工場がつくられるようになり、それによって都市化が進んで人口が増えていくということが起きた。これは都市を過密にし、産業革命を牽引したロンドンなどでは住環境が著しく悪化して健康被害が多発するという副作用もあった。

都市部から労働者が離れていった

ところが自動車の発明と普及は、労働者の住環境を一変させることになる。

これはアメリカで顕著だったが、T型フォード[*5]という安価な自動車が普及すると、多くの労働者が自動車を所有するようになった。これによって「郊外で生活し、自動車で都市の工場に通う」というライフスタイルが実現したのである。人口が集中しすぎて過密になり住環境が悪化し、さらには住宅価格も高騰していた都市部を離れて、労働者は逃れるように郊外に住むようになった。郊外は自然が多く、住宅も安価で、労働者でも快適な住環境と広い住宅を手に入れられるようになったのである。

自動車による郊外生活が普及すると、買い物もクルマで行くようになる。日本でもそうだが、駐車場を整備していない鉄道駅前の商店街はさびれ、駐車場を完備し国道沿いに建てられた巨大ショッピングモールが街の中心になっていく。家族や友人と連れだってショッピングモールに遊びに行くことが、郊外生活の楽しみになった。ショッピングモールは買い物ができるだけでなく、映画館やフードコート、カフェ、遊戯施設までもが併設され、一日じゅう滞在しても飽きない。20世紀後半に進化した郊外生活は、巨大なショッピングモールに人々の暮らしのあらゆる面が包摂されるかたちへと変化していった。

自動車は郊外生活を生み出しただけではない。それまでは存在しなかった高速道路という新しい道路が整備され、自力で遠くに旅行に行けるようになった。さらには高速道路上にサービスエリアという施設が設置されるようになり、サービスエリアにも巨大なショッピングモールが進出し、ショッピングモールからショッピングモールへとホップしながら転々と移動していくようなスタイルが生まれてきた。

馬の代わりになるぐらいのものだろうと思われていた自動車が、20世紀から21世紀にかけての未来に日々の暮らしを完全に一新させてしまったのである。これらの変化を、19世紀の人はほとんど想像もできなかっただろう。「馬車が自動車になり、速くなった」という技術の進化は予測できるが、自動車がいったいどのような変化を社会にもたらすのかを予測するのは、これほどまでに難しいということなのだ。

イノベーションという言葉がある。日本では「技術革新」と訳されてきたので、技術が進化することをイノベーションだと誤解されがちである。しかしイノベーションは、単なる技術革新ではない。イノベーションの本来の意味は「技術の進化によって新たな価値が生み出され、社会に大きな変化がもたらされること」なのである。われわれは技術の進化は予測できても、それがどのようなイノベーションになるのかを予測するのは困難なのだ。

送電網の拡大で完成した現代の電力

ここまで、19世紀末の自動車の発明から、20世紀の自動車の進化と完成を想像するというAのプロセスを見てきた（P27の図版参照）。このAのプロセスを参考にして、Bの現代の自動運転車の発明から、未来の無人の自動運転車の進化と完成を想像していく。そのようにして想像力を発揮してみるのだ。

その試みに進む前に、少し別のケースも参考にしてみよう。電力の利用はどうだろうか。電気の存在そのものはそれこそ古代ギリシャ時代から知られていたが、実用的に電力を活用する技術が誕生してきたのは19世紀になってからである。１８３0年代には電信機とモーターが発明され、１８７０年代になると電話機と電球が誕生した。しかし当初の電力は、電気を使う機器が設置されている場所で発電されていた。現代のような全国あまねく広がっている送電網などは存在しなかったからである。電気を動力として導入するようになった近代の工場は、自前で発電機を用意し、工場敷地内に電力線を引いて自家発電をしてまかなっていた。

電力黎明期のこの時期に、送電網をベースにした現代の電気の世界を想像するのは難しかっただろう。さらに19世紀には半導体も存在していなかったから、電力を使って機械が計算を行うことが可能になるなど、誰もイメージすらしていなかったに違いない。

しかし19世紀終わりに、エジソンが設立したゼネラル・エレクトリック（GE）社が巨大な発電所を作り、ここから全米各地へと電力網を使って配電する仕組みを作りあげる。これによって徹底的に電力コストを下げることに成功し、各地の工場にあった私設発電所は徐々に姿を消し、外部の電力を使うといういまの仕組みが標準的になっていったのである。

国土の津々浦々を網羅する電力網によって、大きな工場だけでなくオフィスや住宅でも電気を使うことが可能になった。その結果、冷蔵庫や洗濯機などの電機製品が一気に普及し、さらに電子レンジやテレビやラジオなどの新しい機器が広まる土壌がつくられていった。

さらに20世紀に入ると真空管が発明され、さらに第二次世界大戦が終わった直後の１９４７年には、トランジスタが登場する。これによって電気信号を増幅したり、スイッチしたりできるようになり、電気の用途が飛躍的に高まった。コンピュータの実現につながっただけでなく、通信やエネルギーなどあらゆる産業に活用されるようになったのである。電力黎明期の19世紀の人が、これらの技術進化によって21世紀はじめには人間と対等にしゃべることのできる生成ＡＩが登場してくると想像するのは、非常に困難だろう。

日本の技術者の想像を超えていたスマホ支配の社会

今度は、新しいケースについても追いかけてみよう。いまや誰でも手にしているスマートフォンはどうだろうか。

最初のスマートフォンは２００７年に米国で発売された初代ｉＰｈｏｎｅである。第2世代のｉＰｈｏｎｅ３Ｇは２００８年に日本でも発売された。

最初の製品発表のときのスティーブ・ジョブズのスピーチは歴史的に有名である。「今日、われわれは革命的な製品を３つ紹介する。１つ目は、タッチスクリーンを搭載したｉＰｏｄ（音楽プレーヤー）。２つ目は、革命的な携帯電話。３つ目は、インターネットと通信できる機器。そしてこの三つは別々のデバイスではない。一つのデバイスなのだ。今日、アップルは電話を再発明する。それがこのｉＰｈｏｎｅだ」

ｉＰｈｏｎｅが登場する以前、インターネットに接続できる携帯電話として米国ではブラックベリー[*6]があり、日本ではｉモード端末[*7]がすでに存在していた。携帯電話の音楽プレーヤー機能としては日本には「着メロ」「着うた」がすでに存在し、ｉＰｈｏｎｅが決して最初の「音楽プレーヤーと携帯電話の融合」というわけではなかった。

だから当時の日本のテック業界では、ｉＰｈｏｎｅに対して「特段新しいわけではない」「日本のｉモードの二番煎じ」「ｉモードこそがスマートフォン」といったネガティブな反応も少なくなかった。しかしその後の短い歴史は、どちらが勝者だったかを如実に示している。「ガラケー」と侮蔑的に呼ばれるようになった旧式のｉモード携帯電話は姿を消し、ｉＰｈｏｎｅとそのフォロワーであるアンドロイドのスマートフォンは圧倒的な市場支配を確立した。

スマートフォンが普及できたのには、いくつか勝因がある。一つは、スティーブ・ジョブズが考えたｉＰｈｏｎｅのＵＩ（ユーザーインターフェイス）が非常に使いやすかったことである。それまでの日本のｉモード端末では、画面は比較的小さく表示はメニュー形式で、タッチスクリーンの製品は少なくボタンの押下《おうか》が中心だった。いちいちメニューをたどるのもけっこう面倒だった。

ｉＰｈｏｎｅは画面が大きく、しかもアイコンをタップするというＵＩはパソコンのＭａｃやウィンドウズの操作体系の流用で、パソコンに慣れている人ならすぐに使いこなすことができた。スワイプやピンチなど直感的に理解できる操作方法も用意され、アナログな道具を扱うように自然に操作できるところが実に斬新であり、しかも非常に使いやすかったのである。

もう一つのスマートフォンの勝因は、グーグルマップなどの使いやすい地図アプリが登場したことである。グーグルマップはアンドロイド版が２００８年、ｉＰｈｏｎｅ版は２０１２年というスマホ時代の早い時期に無料で配付され、２０１０年代には世界で最も多くの人々に使われるスマホのアプリになった。

加えて、スマホが普及した２０１０年代は、ＳＮＳの普及期と重なったという偶然も作用した。スマホのメッセンジャーなどで家族や友人とテキストで連絡を取るのが当たり前になったのである。

さらには2010年代後半には、QR決済や鉄道・航空のチケットレスサービスが普及期に入り、生活になくてはならない必需品となっていった。これらの要素によって、スマホは「外出時にいつでも持っていく必需品」になったのである。これはスマホを爆発的に普及させる最大の勝因となり、同時に人々の生活を一変させるイノベーションとなった。私たちはスマホがなかったころの生活をもはや思い出せないほどにスマホに依存して暮らしており、生活のあらゆる場面にスマホは浸透してしまっている。

このような劇的な変化を、2008年当時にスマホを馬鹿にしていた日本の技術者たちはあまり想像できていなかっただろう。

想像しえなかったテクノロジーの誕生

イノベーションだけでなく、技術そのものの進化の予測が難しいこともある。2000年代に普及したクラウドコンピューティングが好例だ。

第1章 SFプロトタイピングにできること

1970〜80年代ごろの古いSF映画には、「小指ぐらいのサイズのチップ状のものを、ステレオセットのような音楽プレーヤーに挿入して音楽を聴く」というような未来世界の描写が出てくることがある。レコードからCD、MDへと進化していけば、やがてそれが指先ぐらいの大きさになるはずだと未来を想像したのだろう。

小指サイズの媒体というと現代のマイクロSDカードがまさにそうだが、SDカードで音楽を聴いている人など現代にはほとんどいない。現代の音楽はクラウドに存在している。スポティファイやアップルミュージックのような音楽サブスクは、データセンターに保存されている楽曲データをインターネット経由でリアルタイムに再生するクラウドのサービスになっている。

クラウドが登場する以前の価値観では、音楽は媒体に録音されているものという概念から一歩も外に出られず、媒体を超小さくするぐらいの発想しか持てなかったのだ。なので数百年先の未来のはずなのに、SDカードみたいなチップに楽曲データを収納して聴いているという描写になってしまうのである。

SNSという概念も昔は存在しなかった。コミュニケーションは、音声電話のような「一対一」が当たり前で、「多対多」がネット経由でやりとりするという発想がなかったのである。

1968年のSF映画の名作『2001年宇宙の旅』では、宇宙船の乗客が地球にいる幼い娘とテレビ電話で通話するというシーンが出てくる。懐かしいテレホンカードのようなプラスチックカードを電話機に挿入すると、画面に「番号を入力してください」と表示され、電話番号をテンキーで打ち込むと通話がつながる。1960年代に存在していた公衆電話の延長で、しかし当時は存在しなかったクレジットカード決済を予測したのは素晴らしい。しかし物理カードが不要な電子決済や、いちいち電話番号を覚えないで済むSNS個人アカウントまでは想像の範囲外だった。

同じ1960年代のテレビシリーズ『スタートレック(日本放送当時のタイトルは『宇宙大作戦』)』では、腕時計型のデバイスで音声通話をしている。また1982年の映画『ブレードランナー』では、ハリソン・フォード演じる刑事が有線の公衆電話みたいな機器からテレビ通話をしているシーンが出てくる。これらがいま見ると少し古くさく感じるのは、すべて「一対一」のコミュニケーションだからだ。「多対多」のコミュニケーションであるSNS的なアイデアはいっさい登場してこないのである。

クラウドやSNSのようなテクノロジーの概念は、それらが誕生してくる以前にはまったく存在しなかった。そういうものを想像するのは、非常に難しいということがおわかりいただけただろう。

一つの発明が社会の基盤をまるごと変える

さて、現代の話に戻ろう。ここまで自動車や電力の進化と普及、スマートフォンの発明とそれらが引き起こした生活文化の変化などから、過去に起きたイノベーションを見てきた。これらのプロセスを振り返りつつ、では現代のテクノロジーがどう未来の社会に影響を与えるのかを想像していくのである。

2000年代に入ってからのこの四半世紀は、テクノロジーの進化の観点から見ると、実は19世紀の終わりに非常に似ている。

電気を使った電信機や電話機、電球が発明され、自動車が発明された。それだけでない。上水道、映画、蓄音機など、現代の生活を彩るさまざまな技術はこの時期に生まれてきたのである。18世紀にイギリスで起きた蒸気機関による産業革命に続くものとして捉えられ、19世紀末に始まる一連のテクノロジーの進化は「第二次産業革命」とも呼ばれている。

20世紀に入るころには、さらにさまざまな発明が爆発的にやってくる。エレベーター、家電、自動車、トラック、飛行機、高速道路、スーパーマーケット、テレビ、エアコン。このように並べてみるとわかるが、21世紀の現代のわれわれの生活は、近年のコンピュータやインターネットなどの情報テクノロジーを除けば、第二次産業革命の産物にほとんどを負っているのだ。

2000年代は、この第二次産業革命期によく似ている。既存のテクノロジーの改良だけでなく、まったく新しいテクノロジーが次々と生み出されている。生成AI、自動運転、ドローン、デジタル通貨、メタバース……。

しかもこれらの先端テクノロジーは、未来の社会に大きな影響を与え、次世代の社会の基盤になりそうなものばかりなのである。生成AIはスマートフォンだけでなくあらゆる機器に浸透し、いずれはわたしたち人類の得がたい伴侶になるのは間違いない。人類を超えた知能を持つという地平さえも見えてきている。二十一世紀最大の発明になるのは間違いない。

自動運転は移動という行為を民主化し、都市と地方の関係さえも変えるだろう。ドローンは物流や軍事に大きな影響を与え、デジタル通貨は消費や金融のシステムを一変させる。メタバース（インターネット上の仮想空間）は、わたしたちが生きる物理世界とはまた別の新たな世界を生み出す。

これらがどのような変化を社会やライフスタイルにもたらすのか。それは19世紀末の第2次産業革命が、20世紀の社会をどうつくりあげたのかを想像することに非常に類似しているということだ。

ここまでお読みいただいて、その「想像」がいかに困難であるかは理解していただけただろう。われわれは、自分たちがいま生きている現在の社会の常識や価値観に引きずられ、囚《とら》われている。

ここにSFプロトタイピングの価値がある。ステレオタイプな既存の概念や常識から解き放たれた想像力が、とても重要なのである。

ライフスタイルを変える移動手段の変化

さて、ここで自動運転の話に戻ろう。自動運転が実用化されつつある2020年代の現在から、無人タクシーなどの自動運転車が進化し、完成形になった数十年先の未来を想像するのだ。このためには、さまざまな補助線を引き、さらにはSF文学的な想像の翼も大きく広げていく必要がある。始めよう。

現在の自動運転車には、おそらく多くの人は「運転しなくていいクルマ」「タクシーが無人になる」というイメージぐらいしか持っていないだろう。しかしここまで論じてきた内容でわかっていただけると思うが、ガソリンエンジンの自動車が普及して20世紀に郊外生活というライフスタイルを生み出したように、21世紀の自動運転車はまったく新しいライフスタイルを生み出す可能性を持っている。

この未来を考える前に、まず現状の課題を押さえておく必要がある。現状認識なしにして、未来の想像力はあり得ない。ここでは自動車も含めた現在のモビリティについて押さえておこう。なおモビリティというのは、交通や移動などについての全般的なものを意味する英単語である。

近年、タクシーの台数が足りない問題が大きな議論になっている。ただし、このタクシー問題は都市と地方、あるいは都市でも中心部と郊外とで温度差が大きいことを知っておく必要がある。東京都心の道路にはタクシーは無数に走っており、新宿や渋谷で空車をつかまえるのも難しくない。いっぽうで東京でも郊外に出ると、夜になればタクシーはほとんど走っていないという最適化されない状態になっている実態もある。

地方のタクシー事情はずっと深刻だ。ここでわたしの経験を紹介してみよう。わたしは現在、東京と長野県軽井沢町、福井県敦賀《つるが》市の3か所に家を借り、3拠点移動生活を実践している。福井では少し前まで、若狭湾沿いの美浜町という人口9000人の小さな町に古民家を借りて住んでいた。3拠点生活そのものはもう10年も続けている。

新型コロナウイルスのパンデミックを契機に多拠点居住や移住がブームになったが、都会に住む人だと気づきにくい田舎住まいの問題は「現地での移動手段」である。都会のように地下鉄や路線バスが縦横無尽に走っているわけではない。鉄道のローカル線はあっても、本数が非常に少ないことが多い。

美浜の古民家について言えば、中核都市である敦賀からはクルマで20分はかかった。敦賀からはJR小浜線という風光明媚なローカル線もあり、美浜駅が最寄り駅だったが、一時間に1本しかない。とくにお昼は、午前11時18分の敦賀発に乗り遅れると、午後1時18分まで電車がない。

くわえて美浜の自宅まで、美浜駅から歩いて20分以上はかかる。気候のよい時ならともかく、真夏や雪の降る冬にはこの距離はつらい。北陸は天候がだいたいにおいて不安定で、さっきまで晴れていたのが急に雨が降ったりといったことが多く、これも歩くことを面倒にしている。駅前にタクシーは数台いるが、出払ってしまっていることも多く、おまけに夜は営業していない。

スーパーや飲食店に行くのも、徒歩では難しい。最寄りのスーパーまで徒歩30分、ホームセンターまで徒歩30分、美味しいと評判の食堂までは徒歩40分。コンビニはかろうじて近くにあるが、それでも徒歩15分。

そこであれこれ試行錯誤した結果、こういう方法を採った。敦賀駅の近くに月極駐車場を借り、そこに自家用車を置いておくことにしたのである。長年乗っている、古びた軽自動車。道路が狭く曲がりくねっていることも多い田舎では、軽自動車が最高の乗りものである。

移動の「足」がなくなっていく地方都市

美浜に住んでいたころは北陸新幹線が敦賀まで延伸されていなかったため、東京から東海道新幹線ひかり号で米原で下車し、北陸本線の特急しらさぎに乗り継いで敦賀にたどり着き、そこから歩いて3分ほどの駐車場でマイカーに乗り込み、20分ほどで古民家に到着する。もちろん日常の買い物も、この軽自動車が活躍してくれる。

とはいえ、これで問題がすべて解決したわけではなかった。美浜町内には飲食店の数が少なく、「今日の晩ごはんは外食でもしようか」となると、隣町の中核都市敦賀に出かける必要がある。地元の友人たちと懇談するのも、たいてい敦賀である。そういう場合にはクルマで敦賀まで出かけ、食事をした後に店の人に運転代行を呼んでもらう。運転代行は都会の人にはあまり知られていないかもしれないが、地方の夜の街には欠かせないビジネスである。

電話で呼ぶと、軽自動車などにスタッフ2人が乗ってお店までやってきてくれる。クルマの鍵を渡して運転してもらい、自分は助手席に収まって自宅までの道案内をする。もうひとりのスタッフは、乗ってきた軽自動車で後ろをついてくる。自宅に到着したら代金を支払い、スタッフ2人は乗ってきた軽自動車で事務所へと戻っていく。そういう仕組みである。クルマで通勤する人が大半の地方都市では、飲み会のあとの帰宅にはタクシーではなく運転代行が中心だ。

ところが新型コロナ禍の3年間で、運転代行もタクシーも激減してしまった。新型コロナ禍のあいだは飲食店の営業が自粛され、客の数が激減していたのだから当然のことである。新型コロナが5類移行になって客足は少しずつ戻っていったが、いったん廃業してしまった運転手さんはもとから地方では高齢化が進んでいたこともあって、戻らない人が多かった。

この結果、地方では「飲みには行ったが、帰る足がない」という状態に陥《おちい》った。これは福井のみならず、どこの地方都市でも同じような状況である。

家族と「これはもう夜は外食はできないねえ」と嘆息し、「まあ自宅で食べるしかないか」と私は諦め気分でいたが、ちょうどそのタイミングで敦賀市にある賃貸物件をある人に紹介してもらう機会があり、まちなかという立地もたたずまいも非常に良く気に入り、引っ越すことになった。敦賀はどこの地方都市もそうであるように駅前商店街が寂《さび》れてシャッター街になっているが、工業都市であることもあって比較的若者は多く、店も多く充実している。そういう飲み屋街のすぐそばにわが家は引っ越すことができて、「夜の街から帰る足がない」問題は解消してしまった。

自動運転が過疎地のあり方を変える

しかしわが家の事情はともかく、この「足がない」問題は今後の地方都市のあり方にも根深い影響を与え続けている。

最近の都会の若者には、運転免許証を持たない人も増えている。免許証を持っていても、長年運転していないというペーパードライバーが少なくない。都会は地下鉄や私鉄などの公共交通機関が網の目のように発達しており、高い駐車場代を払ってマイカーを維持する理由があまりないからだ。

しかしそういう若者が近年の移住熱にあおられて地方にやってくると、いきなり「移動しにくい」という問題にぶつかることになる。まずは運転免許証を取得し、クルマを手に入れなければ、最低限の生活さえ送れないのだ。

この移動困難の問題を解決する手段として、近年はライドシェアが注目されている。専業のタクシー運転手ではない一般の人が、自分のクルマに乗客を乗せて目的地まで有償で走るというサービスである。２０２４年４月には限定的に解禁され、一部地域でサービスが始まった。運転手不足をある程度は担えるのではないかと期待されている。ただ、ある程度の人口のある街では需要を満たせるかもしれないが、過疎化していく土地ではそもそも人が少ないので、ライドシェアだけでは高齢者の買い物需要などを満たすのは難しい。最終的な解決があるとすれば、無人タクシーの普及しかないだろう。

運転手が不要である完全な自動運転であれば、運転免許返納を求められている後期高齢者の買い物難民問題が解決する。また自動運転車はすなわち電気自動車なので、これは現在過疎地で深刻になっているガソリンスタンドの減少にも対応できる。

地方生活は多くが戸建て住宅で、電気自動車を自宅で充電するハードルも低いからだ。さらに電気自動車は災害時の非常電源にもなり、電気で駆動する自動運転車は過疎地にこそ最適な移動手段になることが期待されている。ただし電気自動車が増え続けると、今度は安定的な電力供給の問題が起きてくることにも留意する必要がある。

マイカー文化のいびつさに気づく未来

さて、ここまでモビリティの現状と課題について、地方都市を舞台にして説明してきた。自動運転が夜の街の危機や若者の移住、高齢者の買い物難民などさまざまな地方の問題を解決する手段になるのはまちがいない。しかしそれはあくまでも、2020年代という現在の「目」から見た未来である。

SFプロトタイピングに必要なのは、そのような「現在からの視点」ではない。モビリティについての現状認識は必要だが、その現状認識から積み上げていって未来を想像するのではなく、現状認識をもとに大きな一歩を踏み越えるようにして、その先をイメージしてしまうのだ。

先ほど19世紀の自動車や電力の発明を21世紀の視点から振り返ったように、２０４０～50年代の未来から、現在のモビリティの課題と現状を振り返るという「視点のすり替え」のようなことが必要なのだ。

そのためには、新たなテクノロジーが普及した未来をリアルに想像しなければならない。自動運転で言えば、完全な自動運転が実現した社会で、人々はどのような欲望を持ち、どんな人間関係を構築し、社会に対してどのような感覚を持っているのかを想像してみることである。

そのような視点で、未来をイメージしてみたい。

２０２０年代現在の東京では、多くの人々が日々タクシーで移動している。とはいえ前にも書いたように、都心の駅には空車が密集し、郊外にはほとんど走っていないという最適化されない状態になっている。この状態に対して、客がどこでタクシーに乗り、どこで降り、そのあいだの渋滞や道路状況はどうだったのかというようなデータをたくさん集めてＡＩで分析すれば、ある程度は客の乗車場所と降車場所の予測が立てられるようになるだろう。

その予測をもとに、自動運転の無人タクシーを運行させれば乗車の時間待ちは減り、かなりの最適化ができるようになる。これは非常に高度な都市交通システムの実現である。たとえば自宅から移動しようとしたら、スマホで呼んで数秒から数十秒で空いている無人タクシーが到着し、目的地までそのまま運んでくれる。降車したらタクシーはその場から走り去り、近隣で呼んでいる別の客のところへとすかさず向かう。

このような都市交通システムが完成すれば、現行の有人タクシーや路線バスは消滅していくのは間違いない。さらには自動車そのものも、マイカーという私有の概念がなくなっていく可能性がある。空車を探す手間がなくても目の前にタクシーが来て、公共交通機関なみの料金で目的地に連れて行ってもらえるようになるのなら、わざわざ高い駐車場代や自動車税、車検代などを払ってマイカーを維持するインセンティブが薄れるからだ。

それでもクルマが大好きなマニアは残るだろうが、自動車の所有はお金のかかる趣味になり、最終的には運転そのものもレース場など一部の限られたエリアだけで許される日が来る。なぜなら無人タクシーや無人トラックが大量に走っている公道では、人間の運転するクルマは事故を引き起こすノイズでしかないからだ。

自動運転車は、仮想の連結によってコンボイ（車列）を縦に構成して走ることができる。前後の車間距離は思いきり短くできる。また人間の運転者のように左右にふらつくことがないので、車線の幅の遊びも今ほど必要なくなる。書籍『ドライバーレスの衝撃　自動運転車が社会を支配する』（小林啓倫訳、邦訳は白揚社・2019年）で著者の交通専門家サミュエル・I・シュウォルツ氏は、現行の幅11メートルの3車線道路は白線を引き直すだけで、自動運転車専用の4〜5車線道路に生まれ変わらせることができると指摘している。

このような道路に、人間の運転するクルマが入り込んでくるのは邪魔者でしかない。自動運転だけが存在する道路では、ガードレールや中央分離帯なども不要になる。さらに駐車場も大幅に減らすことができ、都市のインフラコストは大きく低減できる。

自動運転車への給電も、現在のように充電ステーションに停車しておこなうのではなく、道路面に設置された給電装置からワイヤレスでおこなえるようになる。これはすでに日本を含めた各国で実証実験されているテクノロジーで、実現のメドが立っている。

自動運転車は路面からワイヤレス充電されて無限に走り続け、乗客が降車したあとはすみやかに別の客をピックアップするよう移動を最適化される。どうしても空き時間ができるのであれば、郊外の広い駐車場にすみやかに移動させ待機させられる。

運行が最適化されれば、走る自動車の総数も減らすことができ、交通渋滞もほぼなくすことができる。都市を自動車で移動することで私たちが感じるイライラがなくなれば、社会全体の生産性も上がる。このように想像していくと、いまのマイカー文化というのは実にいびつな過渡期の交通でしかなく、公共交通機関としての自動運転システムこそがモビリティの未来であると確信できる。

「歩かない未来」と健康問題

自動運転による都市交通システムが完成すれば、車道中心に組み立てられている現行の都市の構造を、根底から変えることになるだろう。

これは社会に何をもたらすだろうか。

ひとつの可能性としては、「あらゆる移動に無人タクシーが利用され、歩くという行為がさらに減る」という方向だ。無人タクシーが路線バスやシェアサイクルぐらいの料金で利用できるようになれば、そうなる可能性は高いだろう。

たとえば地方都市では、だれもが無人タクシーを利用するようになると、ショッピングモールに巨大な駐車場を併設する必要がなくなる。巨大駐車場が不要なのであれば、そもそもショッピングモールが一か所に集約されている必要さえなくなる。スーパーや飲食店、遊戯施設、映画館などは集約されず、点在していても構わないことになる。なぜなら無人タクシーがそれらの施設間を自由自在に行き来してくれるのであれば、店から店へと移動する手間がなくなるからだ。

2020年代現在の巨大ショッピングモールは、案外と距離を歩かされる場所である。わたしが3拠点移動生活をしている拠点のひとつ、長野県軽井沢町には西武グループ運営の軽井沢・プリンスショッピングプラザというアウトレットモールがあるが、敷地の端から端まで歩くと20分ぐらいはかかる。モール内のある店舗から別の店舗に行こうとするときに、駐車場から駐車場へとクルマで移動する人もいるほどだ。

しかし無人タクシーで点在している店と店の間を移動するのなら、歩く必要はない。遠かろうが近かろうが、お好みに応じて自動運転車が店と店の間をいつでも運んでくれるのだ。

これはショッピングモールのような集約型のビジネスを破壊し、逆に分散という新たなビジネスの可能性を想像させる方向だ。この未来は刺激的なイメージを持っているが、ここでひとつの大きなハードルが立ち塞がってくる。無人タクシーを縦横無尽に人々が活用するようになり、あらゆる移動を無人タクシーに頼るようになると、人々がまったく歩かなくなってしまうという健康上の問題だ。

この「歩かない」という健康問題は、地方都市ではすでに顕在化している。あまりにもクルマが日常の足になってしまった結果、ちょっとした距離もすべてクルマで出かける人が多い。コンビニに行くのもクルマ、ゴミ出しに行くのもクルマなのである。だから地方都市の人が東京や大阪に出かけてくると、駅での乗り換えなどで予想以上にたくさん歩かされるのに驚き、みな一様に「足が痛い」と顔をしかめる。それほどまでに歩かないので、地方都市には現実問題として肥満の人が多い印象がある。各種の身体センサーを備えたアップルウォッチを購入したわたしの福井の知人は、「歩いている歩数を測ってみたら、一日平均3000歩ぐらいでした」と話していたことがある。地方生活は本当に運動不足なのだ。

東京や大阪で電車やバスによる通勤をベースとした生活をしていれば、どんなに少なくとも一日6000〜7000歩は下らないだろう。わたしは比較的歩くのが好きなので、たいていの一日の歩数は1万〜1万3000歩ぐらいだが、これも決して珍しい例ではない。

しかしこの健康な都市生活に、安価な無人タクシーが普及したらどうなるだろうか。歩く習慣が衰退し、地方都市の人たちのように運動不足になることは容易に予測できる。これは高齢化社会の未来には大いなる暗雲である。不健康な人がいま以上に増えれば、ただでさえ国の財政を逼迫《ひっぱく》させている医療費がさらに増大する。健康寿命も短くなり、寝たきりの高齢者が増える可能性がある。

すでに「歩かない都市住民」は増えているのかもしれない。2024年現在の日本社会には無人タクシーこそ普及していないが、ウーバーイーツやアマゾンの宅配、ネットフリックスの映画・ドラマがあり、以前ほど「出かけなければいけない」という強制力は乏しくなっている。会社に出社する時以外は、ほとんど自宅に籠《こ》もっているという人も少なくないだろう。新型コロナ禍からのリモートワークの普及で、出社さえも以前より少なくなっている。フルリモートで仕事をしている人なら、食料や日用品はネットスーパーに配達してもらい、娯楽はサブスクサービスの映画や音楽で費やし、人と会う時にはオンライン会議と、まったく外出しない生活が可能になってきている。せっかく都市に住んでいるのに、すでに運動不足に陥っている人は案外多いのかもしれない。

未来都市「カルデサック・テンペ」の挑戦

これからの超高齢化社会をとどこおりなく迎えるためには、できるだけ多くの人に健康な生活を維持してもらうことが必要だ。だから無人タクシーが普及したとしても、なんとかして歩く習慣を維持してもらうしかない。

その方法はさまざまに検討されるだろう。日々歩いた距離に応じてポイントを付与するというようなゲーミフィケーションの試みもあるかもしれない。

別の方法として、歩きやすい都市に設計を変更していくという可能性がある。先ほども書いたように現在の地方都市は、コンビニでの買い物やゴミ出しまでもがクルマに依存しているが、このような近距離移動はなるべく歩き、中長距離だけを無人タクシーに依存するという環境を意図的につくるのだ。

これはアーキテクチャ（構造）による人の行動の誘導である。人の行動を変えるものには、法律・規範・市場・アーキテクチャの４つがあるというのは、米国の法学者ローレンス・レッシグが２０００年の著書『ＣＯＤＥ　インターネットの合法・違法・プライバシー』（山形浩生・柏木亮二訳、邦訳は翔泳社・２００１年）で解説している。たとえば煙草の習慣をやめさせるためには、禁煙法を制定するという法律に基づいた方法や「煙草はあなたの健康を害します」と呼びかける規範に基づいた方法。さらに煙草を一本１０００円に値上げして買うのをためらう金額にするという市場に基づいた方法。そして煙草を吸うととたんに気持ちが悪くなる化学物質を含有させるというアーキテクチャに基づいた構造的な方法がある。

歩きやすい都市、さらには「歩くことでしか生活できない都市」をつくるというアーキテクチャ的な試みは、すでに米国で実践されている。アリゾナ州の大都市フエニックスの近くにあるカルデサック・テンペという新しい街がそうだ。すでに建設が完了し、2023年秋に街はスタートしている。この実験的な都市は、「自動車のない街」というコンセプトを掲げている。

カルデサック・テンペの広さは6万8000平方メートルで、東京ドームの1・5倍程度。1つの街としてはかなりコンパクトと言える。約1億4000万円の予算が投入され、1000人が入居できる住宅街区やレストラン、市場、食料品店、スポーツジムなどが建設された。ワンベッドルームの住宅は、家賃が月額1400ドル（約21万5000円）という。

注目すべきは、建物と建物のあいだが広い中庭と細い路地だけで埋められており、クルマが進入できないことである。通行できるのは徒歩と自転車のみ。街区の外側にだけ駐車場があり、カルデサック・テンペから外に出かける時のみクルマを利用するという形になっている。これによって人々は街に滞在しているあいだはクルマに乗ることはできず、歩かざるをえない。

「歩きやすい街」というのは日本でも取り組みが行われており、国土交通省が2019年に「ウォーカブルなまちづくり」を提唱し、ポータルサイトまでつくっている。ウォーカブルの定義として同省が説明しているのは、商店や飲食店、駅、住宅などが混在していること。一つひとつの街区がコンパクトで歩道なども整備され、歩きやすいこと。気持ちの良い美しい景色があること。交通事故や犯罪に遭いにくい土地柄であること。

これらの定義はその通りだが、ではウォーカブルシティに人が住むようにするにはどうすればいいのかというところまでは国土交通省の発想は進んでいない。先ほどのレッシグの解説で言えば、「歩きやすい街に住みましょう」という「規範」で終わってしまっているのが残念だ。

社会は法律や規範で動くことはあまりない。この現実を念頭に置いておくことは、SFプロトタイピングを実践する上でも重要である。人は法律や規範ではなく、市場やアーキテクチャに行動を左右されることが多いのである。

その点において、カルデサック・テンペの試みはまさしくアーキテクチャ的である。車道を排し、路地と広場だけで構成されることによって人々が歩かざるを得ない未来都市というイメージが、ここからまざまざと浮かび上がってくる。

「歩く移動」が新たな快楽になる

この「歩く」という行為とモビリティの関係については、ジョン・アーリというイギリスの社会学者が興味深い論考を発表している。補助線としてそれをチェックしておこう。

アーリは2007年の著書『モビリティーズ　移動の社会学』（吉原直樹・伊藤嘉高訳、邦訳は作品社・2015年）で、「移動する」ということをシリーズシステムとネクサスシステムの2つに分類した。シリーズはテレビの「ドラマシリーズ」という表現もあるように「連続」という意味である。ネクサスは「結節」「つなぎ目」というような意味。連続とつなぎ目とは、どのような違いなのだろうか。

たとえば、東京の渋谷から国会議事堂のある永田町まで移動することを考えてみる。歩けば1時間あまり。少し遠いが、季節の良い時なら青山通り沿いに立ち並ぶお洒落な街並みや、日本の政治の中枢となる永田町の風景など、それぞれの街の空気を楽しみながら散歩がてらに移動することができる。これがシリーズシステムである。

渋谷から永田町は、東京メトロ半蔵門線で移動することもできる。10分もかからない。地下を轟音を立てて走る列車に乗れば、あっという間に永田町に到着する。これがネクサスシステム。

歩くことと地下鉄で移動するのとでは、体験がまったく異なっている。歩くという行為は、つねにその土地や場所と密接につながっていて、自分がどの道筋をどう進んできたのかを確認し実感できる。まっすぐに道を進む必要はなく、好きなように寄り道をしたりお店に立ち寄ったりもできる。

しかし鉄道の移動には、そういう実感がない。座席に座って目を閉じていても、自動的に運んでいってくれる。どこをどう進んだのかを考える必要もない。手もとのスマホ地図アプリに乗換案内をさせて、その通りに電車に乗るだけで良い。その代わり、歩くのよりずっと楽である。ネクサスシステムは道すがらにその土地を味わうことはできないが、渋谷と永田町というような「点と点」をつなぎ目のようにして結んでくれる。

この違いを念頭に入れると、まだ航空機も鉄道もバスもなかった時代は徒歩か馬による移動で、すべてがシリーズシステムだった。19世紀に鉄道が登場し、鉄道に乗ることによって人は土地から切り離され、代わりにつなぎ目のように駅と駅の間を移動することが可能になった。つまり鉄道の発明は、ネクサスシステムの発明でもあった。

鉄道は駅が決まっており、乗客には道を選ぶ自由はない。駅で降りなければ、寄り道もできない。

しかしその次に登場した自動車は、ふたたび移動をシリーズシステムに引き戻したとアーリは言っている。鉄道と違って、自分で運転する自動車は好きなところに行き、途中で寄り道をすることも自由にできたからだ。

1970年代に日産自動車の「ケンとメリーのスカイライン」というテレビCMシリーズが人気をさらったことがある。外国人ハーフ風の男女がさまざまな土地を旅していくロマンチックな内容で、「スプーンとカップをバッグにつめて　今が通りすぎてゆく前に　道のむこうへ出かけよう」というテーマも当時の日本人の旅情をかき立てた。高度経済成長が完成して中流社会がやってきて、生活にゆとりができるようになった人々は自由を求め、好きな場所に行くことができ、好きなところに寄り道もできるマイカーという乗りものに熱中したのである。まさに自動車はシリーズシステムそのものだったのだ。

そこから半世紀が経ち、憧れのマイカーは自動運転の無人タクシーへと変わっていこうとしている。マイカーがシリーズシステムだったのに対し、無人タクシーは鉄道やバスのようなネクサスシステムに近い。ＡＩが司令塔となり、駅や停留所に行く必要もなくなり、移動を最適化してくれる理想的なネクサスシステムである。

しかし人間は、ネクサスシステムだけでは満足できない。本能的にはやはりシリーズシステムの移動を必要とする生物なのだ、というのがアーリの主張である。彼は『モビリティーズ』でこう書いている。

歩くことは、移動システムの中で最も『平等主義的』である。（中略）とはいえ、他の移動システムと比べれば、社会的不平等は著しく小さい。他のさまざまな要素が変わらなければ、歩行システムが力を持つほど、その場所や社会における社会的不平等は小さなものとなるだろう。

障害があったり年齢を重ねれば、歩くのはたいへんになり、決して完全に平等ではない。しかし高級乗用車や航空機のファースト・ビジネス、新幹線のグランクラス・グリーンなど、ネクサスシステムの移動にはつねに格差がついて回ることを考えれば、歩くという行為は貧富にほとんど関係なく平等である。

お金持ちなら高い山の頂上にヘリコプターで移動して360度の景観を楽しむこともできるだろう。しかしそれは、苦労して歩いて登ってきた登山者の喜びほどの感動はない。わたしは登山を長年楽しんでいるが、ただひたすら歩いたその先の感動を味わうたびに「これこそがほんとうの贅沢だ。しかもこの贅沢はお金では決して買えない」としみじみと感じる。

アーリはこうも書いている。

バックパッカーは計画はなく、即興的に歩く中で、多様で波乱に富んだ要素とまざまざと出会っている。彼らの進む道は、現地の人々が通る道と重なり、さらには混じり合う。路頭に迷う可能性が高い危険な環境をわざわざ探し求め、漂流する。

自動運転の移動は、自宅やオフィス、訪問先などあらゆる場所が結節点となって、瞬時に楽に移動できるネクサスシステムに回収されていく。だからこそ、即興的であり波乱に富み、漂流するようなシリーズシステムの移動が新たな快楽として逆に浮上してくる可能性がある。

オンラインだけで完結しない未来の街づくり

カルデサック・テンペの話に戻ろう。この街で住むことには、確かにシリーズシステムとしての歩くことの喜びがあるようだ。

フェニックスのラジオ局ＫＪＺＺの記事「全米で初めての『自動車フリー』の街カルデサック・テンペに住むのは、どんな感じなのだろうか」（２０２４年1月12日）には、実際にこの街に住んでいる人の声を拾っている。

「ここに引っ越してくるまでは、住むことに不安もあった。でも実際に来てみたら、クルマに乗る必要がない、運転する必要もないというのが本当に便利だと感じている。以前だったらまだ通勤してる時間に、すでにもう仕事をしてるんだ」記事は「気心の知れた隣人たちに囲まれていることは、住人にとってのボーナス」と結んでいる。近隣との交流こそが、クルマのない街の魅力ということなのだ。買い物や娯楽がインターネット経由で可能になってしまった現在、そもそも「私たちが出かける理由はなんのためなのか」という意味が再定義を迫られている。

それは「ちょっとした買い物に出かける楽しさ」だったり、「気持ちよく晴れた朝に近所をぶらぶらと散歩すること」「空が青いから、風を切って自転車に乗りたい」といったささやかな身体的喜びの演出ということになるのかもしれない。あるいは近所の人やお店のスタッフとの交流・雑談も、歩く目的の一つになるだろう。

そういう喜びのためには、自動車は必ずしも必要ない。カルデサック・テンペの中では交通事故の心配がなく、排気ガスのにおいもしない歩道があり、人口密度が低いため混雑も避けられる。そこかしこに緑の多い公園や緑地、語らえるベンチやお店が点在していれば、街の機能としては十分ということになる。大型の家電などを購入したければ、アマゾンで配達してもらえば良いのである。

つまり「あらゆる生活サービスや仕事はオンラインで完結」という世界と、「ただ歩いて日々の暮らしを楽しむ」という世界が、併存しているのだ。

だからカルデサック・テンペのような街での「歩く」という行為は、日常の雑務から切り離されたピュアな外出ということなのだろう。こういうピュアに「ただ歩く」という行為は、近代文明以降の世界でひとびとが長く憧れてきたものなのかもしれない。

とはいえカルデサック・テンペにおけるこの「歩く喜び」は、本当に私たち自身の自然な発想に基づいたものなのか。それは「歩くしかない街」というアーキテクチャに誘導された結果でしかないのかもしれない。もしそうだとしたら、その未来世界では「歩きたくない」という欲望が逆に表面化しているかもしれない。

では歩きたくない欲望はどのように噴出し、それはどのようにビジネス化され、どのような市場を生み出すことになるのか。その人たちの勢力は「歩くことの快楽」を享受している多数派との間でどのようなバランスをとることになるのか――。

このように想像はいくらでも広がり、羽ばたいていくことができる。大事なのは、これらの想像力を抽象的な概念としてでなく、リアルな現実としてイメージすることである。そこにSF作家の想像力の力量のすさまじさがあり、SFプロトタイピングという手法が成立する原動力となっているのだ。

自動運転というテクノロジーそのものの今後を予測するだけでは、未来のビジョンを正確に描き出すことはできない。完全な自動運転が当たり前になっている数十年後に、人々のライフスタイルはどのように変わり、人々はどのような欲望を持ち、どのように家族や友人とつきあい、どんな恋愛をするようになっているのか。

その未来の世界には現代のわれわれから見るとネガティブな面もポジティブな面もあるかもしれない。その両面を含めて、どこまでリアルに未来社会を描き出せるか。それがSFプロトタイピングの力である。

そしてそのように描き出した未来世界から逆算し、振りかぶって現代の世界を展望する。

「数十年前の2020年代という世界がここから展望できる。あの古い世界から、どうやって2050年代の現代にたどり着けるだろうか」

そのように「逆算」の想像を働かせるのである。このトリッキーな想像には、SF作家の飛び抜けた資質が欠かせないのだ。

＊1　ブライアン・デイヴィッド・ジョンソン
アリゾナ州立大学未来社会イノベーション学部教授。調査・コンサルティング会社フロスト&サリバンのフューチャリスト兼フェロー。2009〜2016年には米インテル社で初となるフューチャリスト（未来研究員）を務めた。民俗学の現地調査からトレンドデータ、SF作品までも駆使して消費者やコンピュータの未来像を予測。短編・長編のSF小説も手がけている。著書に『フューチャーリストの自分の未来を変える授業』（桜田直美訳、邦訳版はSBクリエイティブ・2021年）など。

＊2　アリ・ポッパー
市場調査会社を経営しながらカリフォルニア大学ロサンゼルス校（UCLA）に通い、SF小説の書き方講座で学ぶ。ビジネスにおける未来予測に関して、SFの物語を活用するコンサルティングを考え、2012年、SFプロトタイピングを用いたコンサルティング企業サイフューチャー社を立ち上げる。

＊3　『三体』
2006年5〜12月まで中国のSF雑誌『科幻世界』で連載された長編小説。中国の文化大革命で人類に絶望した天文学者が、4光年先の太陽系外の文明と接触し、人類滅亡へと導く。三部構成。三部作の累計で2100万部を突破。

＊4　『エンダーのゲーム』
異星人バガーによる侵攻を退けた人類は、次なる侵略に備えるため、地球の衛星軌道上に戦いを終わらせる者の養成機関バトルスクールをつくる。そこに送り込まれた一人の少年。特別な状況

下で生を受けた少年は、群を抜く天才的な才能を見せ成長していく（邦訳版は早川書房・1985年刊『無伴奏のソナタ』所収）。

＊5　T型フォード
アメリカのフォード・モーター社が1908年に生産を開始した車種。安価でよく走る大衆車として人気を博す。1927年の生産終了まで1500万台以上が生産された。20世紀のアメリカにモータリゼーションを起こし、世界初のベルトコンベア式のラインで製造された。

＊6　ブラックベリー
カナダのブラックベリー社（旧RIM社）が2002年に発表した元祖スマホと呼ばれるフルキーボード付き端末。企業向けスマホとして絶大な人気を呼ぶが、iPhoneとアンドロイドの台頭によってシェアは一気に縮小した。

＊7　iモード
1999年に開始したNTTドコモの携帯電話向けネットワークサービス。キャリアメールの送受信、ウェブ閲覧ができる日本国内独自の世界初IP接続サービス。2026年3月31日でサービス終了。

第2章

【実践編】国内大手企業が見据える未来図

相反する想像力とコスト意識

佐々木　この章では、ＳＦプロトタイピングの国内企業における具体例について触れていきたいと思います。これまでも小野さんは、個人でいくつかのＳＦプロトタイピングの案件に取り組んでいますけれど、どんな内容だったのでしょうか？

小野　規模が大きいもので言えば、コンデナスト・ジャパンが運営する「WIRED Sci-Fiプロトタイピング研究所」から声をかけていただいて、ソニーやサイバーエージェントといったＩＴ企業[*1]と一緒にＳＦプロトタイピングのワークショップ（以下、ＷＳ）に取り組みました。

ソニーでのＷＳのテーマは「２０５０年の恋愛」でした。これをまずＷＳ全体を覆う一つの大きな傘として設定し、その中でも「お金」「娯楽」「住居」「ウェルビーイング」の４つのカテゴリにさらにグループ分けをして、その年代において「どんな科学技術が求められているのだろう？」「どんなサービスが必要とされるのだろう?」といったことを、参加者の皆さんと共に考えていきました。

佐々木 具体的には、「その年代の人々はどんなふうに恋愛しているのか?」「どんな科学技術が発達しているのか?」とか、想像を一つひとつ膨らませて、シーンが思い浮かぶぐらい具体的に考えていくんですよね。2050年の恋愛となれば、ジェンダーレスがすごく進んでいるかもしれないし、人間がAIと恋愛をしているかもしれない。

小野 そうですね。未来には多様な可能性があります。そんな未来の世界を生きる人々は、恋愛シーンにおいてどのような技術やサービスを求めているのか。どんな肌感覚を持って、どんな困りごとを抱えていて、そういったサービスを使うのだろう——というふうに、一人のユーザー、つまりその時代を生きる一個人の視点に立って考えていくのです。

佐々木 最初は社会や世界といった大きな視点からのアイデア出しをしていって、WSが進むごとに、どんどん未来社会の俯瞰《ふかん》から、そこに生きる個人の主観へと視座を下ろしていくんですよね。

小野　そうです。そして最終的には、WSで出たアイデアを総合的に取り入れながら、その時代に企業のサービスや技術を使っている一個人のユーザーの視点から、4人のSF作家がそれぞれのカテゴリごとに一つの小説を仕上げていきました。

佐々木　そこで、SF作家が書く短編小説が成果物＝プロトタイピングとして出てくるわけですね。

小野　はい。ただ、こう話すと、SF作家に依頼をすれば、すぐにSFプロトタイピングができると思われる方が多いかもしれませんけれど、現状ではプレイヤーとしてのSF作家が圧倒的に少ないんです。つまりSF作家に依頼しても、文芸誌に掲載されるようなSF小説になってしまい、企業側がビジネスに役立てられるような未来への想像に合致していないものが成果物として上がってくることは結構あるものなのです。

　また、WSの過程で参加者の皆さんにヒアリングした結果から、未来の世界を舞台にした物語にすることはできても、その短編小説をガジェットやサービスとして着地させる力がそのSF作家にあるかどうかは未知数です。本来、それこそがSFプロトタイピングの目的ですからね。

佐々木さんは日々の取材活動を通じて最新テクノロジーの世界とその変遷に詳しく、現実の社会と未来世界の接続ができる存在であると私は受け止めています。SFプロトタイピングでの、いわばコンサル的な立場としてご一緒していただくことで、物語を企業活動に役立たせることができるのだと思います。

そして、プロトタイピングの小説を書いて終わりになるのではなく、その物語がクライアント企業にとって、どう役に立ったのかをトレースしていく。そこまで行うことを目指したいと思っています。

過剰なコスト意識が想像力を制限する

佐々木　かつての日本企業はそれほど高いコスト意識を持っていなかった。だから、思い切ったコストカットを断行できる者が有能な経営者であるとされていました。某ファストフード大手の社長として手腕を振るったプロ経営者の方も、コストカットと効率化で一時的に業績を上げたものの、失速し、退任していますよね。狂乱のバブル時代の反省としては、そのアイデアは良かったと思いますが、バブルの野放図さが消えた現代においては、もはや通用しません。

コストカットのフェーズはすでに終わっているのに、その名残は現代の日本人の大半にまだ沁《し》みついています。そうした古い経営者が一線を退いて以後も、コストを下げることだけが行き過ぎてしまった結果、自由に想像力をはばたかせるうえでの枷《かせ》になっています。

今はあらゆるものについて、エビデンスとロジックといった裏付けが求められるため、こんなアイデアではコストがかかってしまうからダメだとか、ちょっと極端なくらいにコスト意識が想像力に制限をかけてしまっているのではないかと思うんです。成長産業であっても、マイナスを減らすことを優先させてばかりいることで、結果的にプラスを減らしてしまっている。そのマインドを変えなければならないことは、恐らくそうした企業側も理解はしているはずです。

そんな状況でのＳＦの役割は、現実の向こう側に向かってドーンと飛び越えていけるような想像力を、どのようなロジックやファクトをもって生み出せるのかにあります。これは一定の業種に限らない全産業的な課題であり、この部分が機能すれば、企業活動にもより大きな可能性が開けてくると思います。

小野　確かにその通りですね。ところで、弊社の起業当初はＰＲ案件が多かった印象がありました。現在日本でもＳＦプロトタイピングのアイデアを研究開発や新規事業に対し活かしている企業は多いのですが、クローズド案件が多く、すぐに変化が表出するわけではないので、ＰＲ的な活用方法に注目が行きがちなんですよね。

佐々木　ＳＦプロトタイピングという手法自体がトレンドになると、「わが社はそれを採用している」と発信することが、企業としてのＰＲになってしまうんです。その手法を率先して取り入れているという行為自体が評価される。「あの有名企業が取り入れた手法」という広告効果ですね。

一時期のメタバースにも同じような現象がありました。一気に話題の中心になって、最近は聞かなくなったと思っているけれど、現在、メタバースは過渡期にあります。進化とはそういったフェーズのあとに訪れるものなんです。

小野　アウトプットの内容によっても変わってくるでしょうね。例えば、２１００年の未来をＳＦプロトタイピングで考えるとすれば、そこで示した未来はこれから先に目指していく方向性の一つとなります。その未来からバックキャスト（逆算）して、そのためには今の時点で何をすべきかを考えていく。段階を追って、未来に向けた変化を考えることで、ＰＲとしてのアウトプットではない意味合いが見えてくるはずです。

佐々木　技術がこの先どういうふうに進化していくかは、ある程度は予測できますよね。例えば、スマホ。いつまでも今の形状のままではなくなっていきます。いずれは見えない存在、恐らく可視化されなくなっていくでしょう。そうした技術的な部分は薄っすらと予測はできますが、消費者個人が未来のスマホを使ってどんな生活様式をとっているのかを想像するのは難しい。でも、その未来から現代に向けて逆算して考えていけば、多少なりとも見えてくるものがあります。

２０００年という年を振り返ると、インターネットはあったけれどＳＮＳはなかった。当時のデジタルコミュニケーションはあくまでも個対個だったのが、今は多対多になっています。いわば「2ちゃんねる」的なものが、現在の世界を覆っているとも言えるでしょう。

ガジェットとしてのスマホについては、現状の機種が持っているくらいの多機能を詰め込むことができるようになると、当時から予測できたのかどうかはわかりません。ただ、前述の『スタートレック』に出てきたような未来のガジェットが生まれることは想像できていたと思いますし、多対多によるコミュニケーションが行われるイメージはできている。

でも、今のようにＳＮＳを介して人が人をののしりまくるような個対個の応酬ができるようになるとまでは予見できなかった。つまり、新しくて便利なガジェットが生まれても、それによって世界はすべての面でユートピアになったわけじゃないし、悪影響をもたらした面もある。技術の進化は予測できても、それが普及した時代の人々が、どういう心理状況でそれを使っているのかは想像できなかったんです。

小野　現在から未来までの時間のスパンを延ばせば延ばすほど、予測は難しくなりますよね。漠然とし過ぎてはいけないし、未来の世界で生きる人々の感情など、細かいところまでを見通すことはなかなか困難なことです。

佐々木　未来を森にたとえれば、分析していくうちに森の中の木の一本一本が見えてくるようになっていく。ディテールが把握できて初めて、一本一本の状況が見えてきます。

そういえば、小野さんが関わったソニーのプロジェクト「ONE DAY, 2050」では、東京・銀座のソニービルの展示場でソニーのデザイナーチームが、小野さんの書いた小説の中に登場するガジェットを、実際に試作して展示したそうですね。

小野　はい。私を含むＳＦ作家が執筆した、２０５０年の東京を舞台にした短編小説４作品を起点のアイデアとして、その作品の中に登場するガジェットや、小説の文脈に沿った架空のサービスをソニーのデザイナーチームが立案・試作して展示しました。

あくまでも仮定の話としてですが、そのプロジェクトは「未来のソニーは、もしかしたらこんな技術を開発してるかもしれない」というコンセプトのもとにつくられました。同時に、「ＳＦ」プロトタイピングの小説を短編のアニメーションにして、ＹｏｕＴｕｂｅで世界に向けて発信もしています。

ソニーの事例は、ＰＲとしての成功事例でした。ただ、これまで15件以上ものＳＦプロトタイピングのプロジェクトに関わって、成功・失敗を分けるポイントがあるなと気づきました。ここからは国内の事例を参考にしつつ、具体的にどうすれば企業がＳＦプロトタイピングを上手く導入・実践できるかを解説してゆきます。

＊1　ソニーやサイバーエージェントといったＩＴ企業
ソニー：「ONE DAY, 2050 Sci-Fi Prototyping」。ソニーのデザイナーとＳＦ作家がコラボレーションし、Sci-Fiプロトタイピングの手法で「２０５０年の東京」を描き出したプロジェクト。小野美由紀氏は「ウェルビーイング」をテーマに、失恋した主人公がＡＩのカウンセラーと共にレジリエンス（回復力）を手に入れる過程を描いた。

サイバーエージェント：サイバーエージェントとWIRED Sci-Fiプロトタイピング研究所のプロジェクト。「広告の未来」についてＷＳを行い、小野氏は見た目が容れ物化し、人格が入れ替え可能になったメタバース世界における人間のあり方について小説化した。

〈両社でのＳＦプロトタイピング小説はここで読める！〉

ソニー
サイバーエージェント

私が見た日本企業「SFプロトタイピングの現場」

文責・小野美由紀

革新的な技術だけがイノベーションなのか?

多くの企業が、この先の未来において自分たちが今のままでも通用するのかという危機感を覚えている。

ＡＩの登場や通信技術の飛躍的向上、社会情勢の急速な変化、環境問題の浮上。あまりにも不確定要素が多い中、盤石な企業戦略を持つことは難しい。

来るべき未来像を描き、変化に備えたい。

社会構造や消費者のマインドが大きく変化した次の時代においても生き残るため、既存の事業の延長ではなく、技術や強みを活かした全く新しい事業領域の可能性を見つけたい。

あるいは、どんな未来を自分たちが目指すべきなのか？　その青写真を社員一同やクライアントに共有したい。

また、自分達の技術が一般化し普及した未来の世界のリアルな生活シーンや使用シーンを、株主や投資家、また顧客にアピールしたい。

これらのようなケースにおいて、ＳＦプロトタイピングを導入したいという依頼が増えている。

大企業の経営者も、未来を予測すること、未来における人々の生活習慣や社会のありようを想像することの重要性を説いている。

ファーストリテイリング社の代表取締役会長兼社長・柳井正氏は、とあるインタビューにて「変化の激しい時代を生き残るために、これまで以上にイノベーションの重要性が問われているが、それに関する昨今の議論をどう評価するか」との質問に対し、こう答えている。

――私自身の感覚からすると非常に強い違和感を覚えますが、たしかに最新のデジタル技術を導入することをイノベーションと同義にとらえる経営者は少なくありません。しかし、それは明らかな誤解です。

イノベーションは技術ありきではなく、アイデアを組み合わせることで生まれます。その組み合わせを考える時に重要なのは、自社のビジネスを通じて人々の生活をどのように変えると、社会を前進させることができるのか、です。自分たちの活動がもたらす影響を想像しながら、社会や消費者の要請に応えることがイノベーションを生み出します。デジタル技術そのものがイノベーションではなく、社会や消費者が先にあるのです。時代の方向性は、技術の進歩で決まるわけではありません。時代の先をどう読むかを議論する際、デジタル技術に精通する人たちが中心的な存在になりがちですが、社会や世界を変えるのは技術者なのでしょうか。先端技術を理解することが未来を見通す唯一の方法だと言わんばかりの現状に、私は疑問を抱いています。消費者と正面から向き合い、自分たちがどのような商品やサービスをつくるとより豊かな社会を実現できるのかを想像し、そのうえで有効な技術があれば取り入れる。イノベーションとは、そのような想像力と意志を持つ人たちの力で生まれるものだと思います。

（「Harvard Business Review」2021年4月号より）[*1]

単に革新的な技術さえあればイノベーションが生まれるわけではない。社会にすでに存在するニーズに応えるものになっているか、この先の未来において人々がどのような欲望を抱き、それを叶え、どうすれば社会をより豊かにできるかに関する鋭い洞察と想像力がなければ革新的なビジネスは生み出せないと柳井氏は考えている。

同じように、リクルートホールディングス代表取締役社長兼CEOの出木場久征氏も最先端の技術に関して私見を述べている。

「絵を描ききれていないと厳しい」

投資判断を下す際、必ず経営者に聞く問いがあるんです。それは「あなたのサービスがつくるのは、どんな世界なのか」という質問。そして、経営者が語る世界について、どんどん質問を重ねていきます。

たとえば、空飛ぶ車をつくろうとしている企業があるとしますよね。経営者が「空飛ぶ車で人々の移動を自由にしたい」と。僕は「その車は駐車場では浮いているのか。それとも地面に置いてあるのか」「鍵はどんな形なのか。スマートフォンで開けるのか。あるいは近づくと自動で開くのか」「空に信号はあるのか」といったことをどんどん聞いていくわけです。

そういった質問を重ねていくと、その経営者が本当に細部に至るまでビジネスを考えているのかがはっきり分かるんですよね。細部までビジネスを設計できている人が語る「そのサービスがつくる世界」は、くっきりとその姿が見えてくる。反面、考え抜けていない経営者にはどれだけ質問を重ねても、絵が見えて来ないんです。

特にスタートアップにおいては、リーダーがしっかりとその絵を描ききれていないと厳しいかなと思いますね。

（「FASTGROW」2021年7月19日公開記事より）[*2]

出木場氏の論も柳井氏と同様で、どれだけ優れたサービスや製品を企画したところで、それが消費者にとってどのように使われるのか？　その製品が使われる社会はどんな姿をしているのか？　を細部まで思い描けていないと実現には至らない、

というものだ。優れた技術さえあれば製品ができ、ヒットを飛ばせると考える風潮、あるいは技術さえ取り入れればビジネスの発展につながると考える昨今の過剰な技術思考に警鐘を鳴らす発言である。

両者が訴えているのは、どちらも「技術や優れたアイデアより前に、まず先んじて存在する社会や人のあり方に思いを馳せ、解像度高く想像すること」、もしくは自分たちが製品やサービスを開発することでどのような変化を社会に起こし、人々のどのようなニーズを満たすのかを明確に思い描くことの重要性である。

ＳＦプロトタイピングは、ＳＦ作家やクリエイターの想像力を借り、またそれが自社社内の知見と結びつくことでこの２つを実現する試みである。

テクノロジーの未来像を描くＳＦ小説

全ての小説は主人公の欲望によって展開する。どんな小説もそうだ。欲望を抱かない物語の主人公は存在しない。映画『スター・ウォーズ』シリーズ（ウォルト・ディズニー・カンパニー・１９７７年他）の登場人物、ルーク・スカイウォーカーは「ジェダイの騎士」になることを夢見て生まれ故郷の惑星を飛び出すし、人気RPG『ドラゴンクエスト』（スクウェア・エニックス）の主人公はおおむね「世界を救いたい」という強い動機を持って冒険の旅に出かける。これほど壮大な動機でなくても（例えば学校に行きたくないとか、誰かに復讐したいとか、ネガティブな動機でも構わない）、物語の主人公は多かれ少なかれ多少の欲望や不満によって行動を起こし、それが他の登場人物の欲望や不満と絡み合って物語が展開する。

小説の構成はよく自転車の前輪と後輪に喩《たと》えられる。前輪が回れば後輪が回る。後輪が回れば前輪が回る。これは登場人物それぞれの行動が相互作用を起こして物語が進んでゆくことを表している。この自転車を回す作用そのものが登場人物たちの強い欲望ないし不満である。

翻《ひるがえ》って、技術はどうだろうか。当たり前のことだが、技術というのは人間が持つ強い欲望ないし不満（ペイン）から生まれるものだ。つまり「空を自由に飛びたい」という動機から飛行機が生まれ、家事をしたくない、もっと楽をしたいという動機から家電が生まれる。病気で苦しみたくないから医療技術が発展する。ビットコインだって元は物々交換を簡略化したいという動機から貨幣が発明された年代に起源を辿《たど》れるのである。

そのように、人の「欲望」の形に従って進歩を遂げる技術のあり方の変遷を描くのに、物語を使うことが有用なのは明らかである。

未来における技術のあり方を知るためには、未来における欲望がどのようなものかを把握するのが一番であり、人の欲望を描く「小説」はその時代の人々の欲望を描き、それを叶えるテクノロジーとはどのようなものか、をリアリティを持って描くのにぴったりなのである。人々の欲望やペインを叶えるテクノロジーがガジェットやサービスとして具現化したとき、それを使用する主人公にどのような喜怒哀楽が生まれ、また身の回りの人々にどのような影響を及ぼすのか。それによってさらなる課題が呼び寄せられ、それを解消するためにまたさらなるテクノロジーが必要とされ……という連鎖を、ありあまるほどのリアリティを伴って体感するのに、物語という装置はぴったりなのである。

例えば、第5章に三晃印刷株式会社と共に行ったWSが収録されているが、その中に登場する自動運転車のアイデアは比較的簡単に誰でも思いつくだろう。自動運転車が道を走り回る未来はもうすぐそこまで来ているといえる。しかし「自動運転車が普及する」というところまでは想像できても、「どのように」普及するのかについてつぶさに想像できている人は少ない。自動運転車をめぐって産業構造はどう変化するのか？　潰れる会社は？　興《おこ》る会社は？　交通規制や法律はどうなるのか？　事故を起こした場合の責任は誰が取るのか？　不幸になる人、幸せになる人は？　免許制度はどうなる？　これまで車に乗れなかった人々、子供やハンディキャッパーなども利用可能になるのだろうか？　など……。「それってどうなってるんだっけ」をつぶさに考えてゆくと、単なる概念でしかなかった未来の技術が自分たちの生活に密接に関わるものであることがわかり、良い面も悪い面も見えてくる。「こんなところにビジネスチャンスがあるよね」とか「これが実現したらうちの会社はやばいかも」がリアルになるのだ。

また、例えば「２０５０年の恋愛」をテーマに考えると決まって「未来の恋愛は遺伝子の解析を使ったマッチングアプリで最適なパートナーがわかる」というアイデアを出す人がいる。これは、夥《おびただ》しい数のコンテンツで使い古されたアイデアなので、人口に膾炙《かいしゃ》しているせいだろう。出す人は大体「遺伝子で最適なパートナーがわかれば恋愛の失敗を繰り返さなくて良くなるから、いいアイデアじゃないか」というが、そこで「その世界では、例えば遺伝子疾患を持っている人は恋愛弱者になるのですか？」と聞くと言葉に詰まってしまう。

また「それがサービスとして利用可能になったら、同性愛者や性的マイノリティーの人たちはどうなるんでしょう？　遺伝子で恋愛の相手を選ぶのが当たり前という価値観から取り残される人もいるのでは？」と言うと、考え込んでしまう人も多い。その世界の細部までを思い描けていないため、「変数」の部分までリアルに想像できていないのである。SF作品では、その世界におけるマイノリティーを主人公に据えて物語が描かれることが多い（映画『マトリックス』〈ワーナー・ブラザーズ・1999年〉しかり）。その世界でのマイノリティーを描くことで、その技術が持つリスクや、思わぬ弊害などにも気づくことができるし、これまで「良い」と思っていたものが実は悪く、また悪いと思っていたものが良く見えてきたりする。SFプロトタイピングは、各人の頭の中にある硬直した未来像を解きほぐし、善悪の価値観に揺さぶりをかける効果がある。

全てのビジネスはまだ可視化されていない消費者のニーズを拾い上げ、それを満たす製品やサービスに落とし込むことで成り立つ。

ユーザーの視点に立って（主人公視点）、未来の世界がどのようになっているかを描き、またそこで必要とされているガジェットやサービスが具体的にどう使われ、その際に引き起こす感情や社会への影響、それによって生まれ得る課題を描くのがSFプロトタイピングであり、この手法が企業の未来を考えるときに有用であることはいうまでもない。主人公の目線から、商品を使用するときのインサイトや、何を求め、不満を感じているか、その世界で起きる問題や、その商品が引き起こすさらなるニーズやペインを議論することで、主人公の次の世代におけるニーズや人々の動向まで探ることができる。単なる未来予測より、実際にガジェットやサービスが社会に根付いた際に出てくる問題や、そこからさらに生まれるニーズについて洞察を深めやすいし、議論もしやすくなる。

また、物語の中で描かれた具体的でリアルな消費者像は、「彼が○○したら」と異なる分野でのシミュレーションにも転用でき、会議に参加する人々の共通認識を生み出し、議論を深めるのに有用である。後述する株式会社カミナシのケースでは、未来像を小説化することで小説の中に登場する「工場長の野口さん」というユーザー像を全社員に共有できた。それによって、例えば新サービスの開発の際に「野口さんのニーズを満たすには〜」だとか「もし野口さんだったら」などというように「小説の中の野口さん」が共通キーワードとして使用され、より具体的な議論ができるようになったという。

デザインシンキングやシナリオプランニングとの違い

ＳＦプロトタイピングとデザインシンキング、シナリオプランニングとはどう違うのか？　と問われることがよくある。これらの違いについては、以下のようにそれぞれの手法の目的を整理するとわかりやすい。

〈ＳＦプロトタイピング〉

目的：未来の可能性を広げ、まだ存在しない製品やサービスのコンセプトを具体

的にイメージし、新しい価値やイノベーションを生み出すこと。
手法：SF的な思考や物語を用いて、未来の社会や技術を想像し、プロトタイプ（試作品やモデル）を作成する。
特徴：未来のビジョンを共有し、議論を活性化させる。新しいアイデアやイノベーションの種を見つける。未来への共感を醸成し、行動を促す。不確実性の高い未来への備えを促す。

〈デザインシンキング〉
目的：ユーザー中心の視点で問題を発見し、解決策をデザインすること。
手法：共感、定義、創造、試作、テストの5つの段階を経て、問題解決のプロセスを繰り返す。
特徴：ユーザーのニーズや課題を深く理解する。多様な視点を取り入れ、創造的な解決策を生み出す。プロトタイプを作成し、実際にテストすることで、アイデアを検証する。

〈シナリオプランニング〉

目的：未来の不確実性を考慮し、複数のシナリオを作成することで、将来起こりうる変化に対応するための戦略を立てること。

手法：将来起こりうる出来事やトレンドを分析し、複数のシナリオを作成する。

特徴：将来のリスクやチャンスを事前に把握する。柔軟な戦略立案を可能にする。組織全体の意識改革を促す。

このように分類すると、ＳＦプロトタイピングは「デザインシンキング」と「シナリオプランニング」のいいとこ取りをした手法であることがわかる。未来におけるユーザーのニーズや課題を読者が「体感した」と感じられるほどリアルに可視化し、それによって解決策を示す。また不確実性の高い未来像を表現した仮説をワークショップ中にいくつも作ることによって、それぞれの未来における課題や、立てるべき戦略が見えてくる。

もちろん、異なる点もある。例えばシナリオプランニングは現在からフォアキャスト（現時点からの未来予測）的に未来像を構築するのに対し、ＳＦプロトタイピングはまず「来るかもしれない未来」を一つの青写真として描き（もちろん、未来像を描くための素材として、現在わかっている未来の社会のデータ――例えば、2050年には日本の高齢化率が38％を超えている、とか、このまま宇宙開発が進めば、宇宙ホテルが誕生し宇宙人口が1万人を超えているかもしれない、といわれているだとか――を用いることが多いが）、そこからバックキャスト（未来像の実現のために現時点で何をすべきか）的に、現代に向けてどのような出来事が起きうるかを逆算してゆくという違いがある。

また、デザインシンキングにおける試作品のテストや、アイデアの検証の部分は、SFプロトタイピングの場合は往々にして思考実験としてWS内で行われる。SFプロトタイピングは複数の未来を仮置きし、それに対する検証を繰り返すことによって、よりバリエーション豊かな未来像を描けることに強みがあるのである。

「ありえない未来像」から現状の課題を炙り出す

また、SFプロトタイピングは未来の世界を描くだけではない。そこから遡り、

第2章

【実践編】国内大手企業が見据える未来図

現在の企業が抱える課題や弱点、社会における可視化されていなかった課題を炙《あぶ》り出すことも多い。

全ての小説は現代のメタファーであり、デフォルメである。ファンタジー小説であろうが、江戸時代を舞台にした小説であろうが、SF小説であろうが、そこには作者の視点から見た現代のありようが（意識的にしろ、無意識的にしろ）確実に反映されている。現代の社会の様相や、生きている人間の価値観と無関係のフィクションは存在しない。

その意味では、SFというのは未来の社会やガジェット、技術を通して、現代社会が抱える問題や、それが解決された未来、あるいは「もっとひどくなった未来」を比喩的に映し出す。SF作家がディストピアとしての管理社会をしばしば描くのは、現代の管理社会を戯画化し目に見える形にすることだ。その意味で、SFを通じて未来を描くことは、翻って現代社会が抱える問題を可視化すること、あるいは解決の糸口を探ることと直結する。

ありえない未来像を描き、分析を加えることで、かえって「現代において企業が抱えている課題」や「解決の手段」を見出すことが容易になる。それは現状の積み上げ方式で描く「デザインシンキング」や「シナリオプランニング」の手法ではなかなか難しい。SFプロトタイピングは未来像から遡って「可視化されていない現状の問題」までをも照射する力があるのだ。

世界で活用されるSFプロトタイピング

SFプロトタイピングはアメリカの西海岸のテック系企業を発祥とする手法であり、現在国家機関、企業問わず世界的に活用されている。

例えばアメリカでは、DARPA（国防高等研究計画局）がSF作家を招いて未来の技術や脅威を議論するワークショップを定期的に開催している。また、Googleなどのビッグテック企業もSF作家をコンサルタントとして起用し、未来のテクノロジーや社会の変化に関する洞察を得ている。

また、インテルはSFプロトタイピングを活用して、未来のコンピューティング技術に関するビジョンを策定している。

ヨーロッパでも、欧州連合（EU）がSFを活用した未来予測プロジェクトを立ち上げ、政策立案に役立てている。また、フランスでは、2020年に国防省がSFプロトタイピングを活用した「Red Team」という取り組みを開始したというニュースがあった。この取り組みは、SF作家や未来学者などの専門家を集め、テクノロジーの進化や地政学的な変化などを考慮し、10年後、20年後の戦争がどのような形になるかをSF的に描き出したり、サイバー攻撃、宇宙空間での紛争、生物兵器など、従来の軍事戦略では想定されていなかった新たな脅威を物語として描き、国防戦略の立案に役立てることを目的としている。これらは既存の軍事戦略や兵器システムの脆弱性を洗い出し、改善策を検討するのに効果があったという。

スウェーデンにおける「Radical Ocean Futures」プロジェクトでは、気候変動により深刻化している海洋環境問題にSFプロトタイピングを導入しているそうだ。海洋自然資源の利用における現状と、新たに起こり始めた環境問題、技術革新、社会情勢、経済動向などを踏まえ、SFプロトタイピング的手法で未来の海洋の危機を考え、シナリオやアートワーク、音楽の形に落とし込んでいる。

中国では国家レベルでSFの重要性を認識し、その活用に積極的に取り組んでいる。軍事戦略においてSF作家が未来の戦争シナリオや新しい兵器のコンセプトを考案するなど顧問として深く関与しているし、また政治の世界でも、ＳＦ的な発想を取り入れた政策立案や社会問題の解決策の模索が行われている。近年ではＡＩや宇宙開発などの先端技術分野においても、ＳＦ作家が技術者や研究者と連携し、未来の可能性を探求する動きが活発化しているようだ。これらのことから、中国ではＳＦが単なるエンターテインメントではなく、国家の発展に貢献する重要な資源として位置づけられていることがわかる。

（余談ではあるが、アジアのＳＦ、特に日本や韓国の女性作家の書くＳＦ作品はここ数年海外から関心を集めており、上手く活用すれば海外へのＰＲとしても有用である）

日本ではまだここまで国家を挙げての動きはないが、ＪＴＣ（Japanese Traditional Company＝伝統的な日本企業）をはじめ多くの企業がＳＦの持つ未来予測の力に気づき始めている。２０２０年ごろから大小のＳＦプロトタイピングのプロジェクトが国内でも起こり、メディア等で注目を集めている。

日本ではクローズドな案件が多く、表に出ていないものも多いが、今後は、日本でもさまざまな側面でのＳＦプロトタイピングのメリットや活用方法が知られれば、よりオープンに使われるようになるかもしれない。

日本のSFプロトタイピングの現状

例えばパナソニックはSFプロトタイピングを活用し、未来の暮らしを提案するプロジェクトを推進している。[*3] また、KDDIは以前より研究者やSF作家とコラボレーションしながら、未来の世界を描くWSを行っている。LIXILは未来の住宅や都市の在り方を考えるためにSF小説を制作し、その中で描かれたビジョンを基に、未来のイノベーションを推進するプロジェクトを進めている。[*4] 具体的な未来像を部門横断的に共有することでイノベーションのための連携が促進されたという。

近年、富士通や富士フイルムのように、既存の技術を活かして新しい分野に進出する企業が増えてきているが、SFプロトタイピングは企業が新しい事業領域を模索し、イノベーションを促進するために大変有効な手段である。

SFプロトタイピングを手がけている作家や企業はまだ多くないが、各社得意とするジャンルを活かし先進的なプロジェクトに携わっている。例えば『ＳＦ思考　ビジネスと自分の未来を考えるスキル』（ダイヤモンド社・２０２１年）の著者の一人である北海道大学の宮本道人教授は三菱総合研究所に所属しながら研究開発に関わるＳＦプロトタイピング案件を多く手がけているし、広告代理店ＰＡＲＴＹとコンデナスト・ジャパンの共同事業である「WIRED Sci-Fi プロトタイピング研究所」[*5]はＰＲや展示のためのＳＦプロトタイピングの企画立案と実施を得意とする。

また、２０２４年には慶應義塾大学理工学部の大澤博隆教授が立ち上げた「慶應義塾大学サイエンスフィクション研究開発・実装センター」[*6]は、ＳＦプロトタイピングの研究所である。ＳＦ作品やＳＦプロトタイピングが企業活動や研究開発にどのような効果をもたらし、人類社会にどのようにイノベーションを起こすかについて研究している。

国内ではまだＳＦプロトタイピングの認知度が高くないこともあり、ＷＳも実施でき、コンサルタント的に知見を提供し、ＳＦプロトタイピング作品を書ける書き手となると数が少なく、プレーヤーの数もまだ少ないが、実践と研究の数が増え、効果が知られるようになれば今後は国内でも増えてゆくだろう。

行政や地方自治体こそ活用すべき理由

ＳＦプロトタイピングを取り入れるべきなのは企業だけではない。現在、日本の地方都市では急激に過疎化が進んでいるが、衰退しつつある地方自治体や消滅可能性自治体[*7]こそ、未来から逆算し、今どんなサービスが必要なのか、住民がどんな未来を望んでいるのかを考察するためにＳＦプロトタイピングを取り入れる必要性がある。

鎌倉市の事例は街づくりにおけるＳＦプロトタイピングの活用の好例である。

２０２１年、WIRED Sci-Fiプロトタイピング研究所の主導のもと、ＳＦ作家の吉上亮氏が２０７０年の鎌倉市を舞台にしたＳＦプロトタイピング小説『… this city never died.』を作成した。[*8]吉上氏の作品における２０７０年の鎌倉は、気候変動により亜熱帯化し、マングローブが生い茂る刺激的な世界である。その世界を舞台に、女子高生である主人公が災害から鎌倉の街を守るために活躍するというストーリーだ。

近未来のスマートシティにおけるコミュニティのあり方や、気候危機時代の「レジリエント」な都市像、またテクノロジーを使って街の文化をどのように継承するかを具体的に描いている。

このプロジェクトの結びとして、2021年10月に開催されたテクノロジーと人間の豊かさを考える国際マーケティング・フォーラム「World Marketing Forum 2021～人間性のためのテクノロジー：幸福のためのマーケティング～」内にて「鎌倉スーパーシティ2070～SFプロトタイピングが描く『共生と再生をめぐる都市のナラティヴ』」というセッションが開催された。

鎌倉市スマートシティ推進参与の加治慶光氏や鎌倉市共生共創部部長の比留間彰氏などを交えて、本作品をベースにテクノロジーを用いた街の保存に関する議論が行われたが、参加者の一人であるWIRED Sci-Fiプロトタイピング研究所の小谷知也所長は、街づくりにSFプロトタイピングを活用することのメリットについてこう述べている。

――都市開発や街づくりのロードマップは、現状の課題から改善策を積み上げげ、実現したい未来に向かっていくフォアキャスティングの考え方でつくられます。しかし、物語でもあるように、いまの自分たちの選択が間違いで、それによって生まれる「未来」が将来世代にとって不幸なものになっているかもしれない。

現在の延長線上で未来を想定するのが難しいからこそ、未来の若者たちがどういう感情を抱くかを物語・フィクションによって描きながらバックキャスティングして、未来への選択肢を考えていく。そうした予行演習がSFプロトタイピングのひとつの価値なのかと思います。


(「WIRED」2021年12月5日配信記事より)*9

また、横浜市では2019年によこはま自民党が「SFプロトタイピングで考える未来の横浜」というプロジェクトを立ち上げ、市民参加型のワークショップを開催した。

「防災」や「医療福祉」といった5つの観点から、未来の横浜市にのぞむ姿を市民の声から吸い上げ、SF作家によって小説化した。その上で、次の4年間に向けて行うべき施策をまとめ「2019責任と約束」という題で政策集を作成した。パンフレット型の制作集には、防災ＤＸに取り組むことや宇宙ビジネスの集積など、テクノロジーを活用した街の未来像がカラフルなイラストと共に描かれている。[*10]

このように、街として目指すビジョンや、今後必要になる政策の炙り出しにＳＦプロトタイピングは非常に有効である。従来のような、現在の課題から積み上げ型で政策を策定する方法では、どうしても「欲しい未来」「ありたい姿」から遠くなりがちであり、地域の魅力や資源といったものへの関心は低くなってしまう。しかし、少し先の未来の街のあり方を議論し、一つの物語として仮置きした上でバックキャスト的に現在必要なアクションを考えてゆけば、地域資源を活用した未来像が描け、地域の活性化や持続可能なコミュニティの構築につながるはずだ。

近未来においては当たり前になっているであろうテクノロジーと、地方都市との接点をワークショップによって探ることで、今まで視界に入らなかった斬新な地域活性のアイデアにもつながる。

また、しまねソフト研究開発センター（ＩＴＯＣ）は、島根県出身のＳＦ作家・飛浩隆《とびひろたか》氏と株式会社ロフトワークのコラボにより、島根県民や島根県内のＩＴ企業に勤めている人を対象に「SF作家・飛浩隆氏とともに未来を創造するSFプロトタイピング体験ワークショップ」を開催した。[11] 既成概念に囚われない柔軟で創造的な思考を身につけ、今の常識を「変える」のではなく「未来の常識」を生み出すと題し、作家が考案した思考のフレームワークを用いてSF小説を実際に描いてみるというものだ。

テクノロジーを取り入れた地方自治体が注目を集める例は近年後を絶たない。例えば人口減少が進む徳島県神山町では、いち早くアーティストやクリエイターを誘致し、サテライトオフィスを誘致する、また「神山まるごと高専」を設立し技術に長《た》けた人材の育成に地域ぐるみで取り組むなど、SF的な発想で町の活性化に取り組んでいる。[12] また過疎化が進む秋田県にかほ市では、ドローンを活用した配送サービスの実証実験を行うなど、テクノロジーを活用した未来のまちづくりを模索している。

このように、未来が見えないと絶望している地方自治体こそ、SFプロトタイピングを行うことで、その地方ならではの先端テクノロジーの活用方法や、地域の課題解決策が見つかるかもしれない。

必ずしも面白い小説である必要はない

よく聞く話だが文芸としてのＳＦとＳＦプロトタイピングは、視点や目的が大きく違う。どちらも「今ここにある現実」のデフォルメであり、社会課題を映し出すという点では共通しているが、企業から依頼されるプロトタイピングのほうが、より現実に起こりそうな未来を描くのに適していると感じる。

ＳＦ作品の魅力は、現実ではありえないような奇想天外な未来を描くことだが、ＳＦプロトタイピングでは、地に足のついたリアリティある表現が重視され、主人公の体験を追体験することで、読者が「これから来るべき未来」を実感できるような物語を描くことが多い（もちろん目的による）。

また文芸小説では読者を楽しませるためのストーリーやキャラクター設定が重要だが、ＳＦプロトタイピング小説では、未来の技術や社会を具体的にイメージし、その実現可能性を探ることが求められるため、必ずしも奇抜なキャラクターや奇想天外な展開は必要なく、むしろ主人公は、実施する企業の顧客であったり、もしくは平凡な一消費者を描いたほうが有用である場合も多い。

特に研究開発分野で用いられる場合は、作品としての面白さより、実用性であるとか、主人公が新しいガジェットやサービスを利用した際の感情の動きやユーザーインサイトをしっかりと描くことが重視される傾向がある。

小説を書くことでチームビルディング

ワークショップで「小説を書いてください」というと参加者の多くが尻込みをするのだが、SFプロトタイピングは必ずしも商業小説のような面白さや、文芸性は求められないので安心してほしい。むしろ、そういったものを排除することで、より「リアルな」未来像に辿り着ける可能性がある。現代を生きる平凡な生活者が想像する未来像のほうが、エンタメ性に溢《あふ》れたプロ作家の描く未来よりも「ありそう」感が出ることが往々にしてある。

面白い物語を書こうと意気込むのではなく、それよりも自分の肌感覚や、日々の生活の上で感じている社会課題や不満やニーズにフォーカスし、それが解決している未来（もしくはもっとひどくなっている未来）を想像することに注力してみてほしい。それは必ず他の参加者の共感を得るものだし、言語化していないだけで、多くの人が感じている恐怖や不安だったりする。そこから議論が始まるのである。

誤解を恐れずに言えば、ＳＦプロトタイピングは人々が感じている恐怖や不安を言語化し、共有し、解決策を話し合うことで共通した未来像を描き、仲間との連帯感を手に入れる一種の「セラピー」であるとも言える。これはチームビルディングにとっても大きなプラスである。

取り入れることでのメリット

ＳＦプロトタイピングのメリットをまとめると以下の５つだ。

（１）創造性の促進：ＳＦプロトタイピングは現実の制約から解放された自由な発想を可能にすることで、創造性を刺激する。これにより、革新的なアイデアや製品の開発が促進される。

（２）未来志向の思考：企業は、未来の可能性を具体的に想像し、それを基に現在の戦略を策定することができる。これにより、長期的なビジョンを持ち、競争力を維持することができる。
（３）部門横断的な協力：ＳＦプロトタイピングは、異なる部門や専門知識を持つメンバーが共同で未来のシナリオを作り上げるプロセスを促進する。これにより、組織全体の協力とコミュニケーションが向上し、新しいビジネスチャンスが生まれる。
（４）エモーショナルなブランド構築：企業のブランド価値を感情的に伝えることができ、顧客や社員の共感を呼び起こす。これにより、ブランドロイヤルティが向上し、企業のファンを増やすことができる。企業が未来を想像し、その未来に向けた革新的なステップを踏み出すための強力なツールとなる。
（５）社員研修、チームビルディング：ＳＦプロトタイピングを通じて、社員の未来に対する想像力や問題解決能力を高めることができる。未来の社会を描き出すＷＳは、社員の視野を広げ、部門を超えたコミュニケーションを促進する効果もある。

ここからは国内SFプロトタイピングの事例の解説を交えつつ、SFプロトタイピングがどのようなケースで活用できるのか、また実際にSFプロトタイピングを導入する際に気をつけるべき事柄について述べてゆく。

こんなにある！　実際の活用シーン

SFプロトタイピングは単なる未来予測ではない。それは、まだ見ぬ未来を具体的に描き出し、その中で自社の製品やサービス、そして企業そのものがどのような役割を果たすべきかを考えるプロセスであり、同時に企業が「見せたい未来」を具体化・言語化するツールでもある。そのためPR活動や研究開発だけでなく、社内文化の醸成や採用など、様々な活用の可能性を秘めている。

〈研究開発〉

研究開発の分野では、まだ存在しない技術やサービスを想像し、その実現可能性を探ることでイノベーションの種を生み出すSFプロトタイピングは大いに有用である。現実の制約から解放された自由な発想を可能にすることで、既存の技術の延長線上にはない新しい研究テーマが生まれる可能性を大いに秘めている。

例えば、三菱総合研究所は筑波大学と提携し、50周年記念研究で大規模なＳＦプロトタイプを行っている。[*13] 同社は数々の企業とのほか、農水省のフードテック官民協議会と「２０５０年の食卓」をテーマにＳＦ作家を招いてＷＳを行うなど、積極的に研究開発にＳＦプロトタイピングを活用している。[*14]

またＮＥＣはコニカミノルタとの共創プロジェクトとして、２０２３年2月、プラネタリウムでの新しいエンターテインメント体験を創出するためにＳＦプロトタイピングを用いたワークショップ「コニカミノルタ × ＮＥＣ ＳＦプロトタイピングワークショップ～プラネタリウムの星空の下でワクワクする未来を創造しよう～」を行った。[*15] ＮＥＣエンタープライズ企画統括部と、コニカミノルタ envisioning studio の主導で行われた本プロジェクトの目的は、宇宙のシミュレーションを通じ、未来の技術やサービスの可能性を探求し新しいビジネスモデルの可能性を模索することである。

科学文化作家／応用文学者でもある前出・宮本道人氏主導のもと、自由な発想を引き出すためにプラネタリウムで開催された、このWSでは、参加者はランダムな単語を組み合わせて新しい概念を生み出すワークを行い、具体的には「永久音楽フェス」や「ホログラム野球観戦」など、未来のエンターテインメント体験を創造するための新しいアイデアが次々と提案された。

WSでは参加者それぞれが役割を演じることで、多角的な視点から未来を考えるプロセスを取り入れた。例えば、アイデアの価値や魅力を挙げる役、アイデアの欠点を指摘する役、そしてその欠点を補う改善策を提示する役などである。このプロセスにより、より実現可能で具体的な未来像を描くことができた。

コニカミノルタとNECの共創体験は、SFプロトタイピングが持つ未来志向の思考法と創造性を最大限に活用し、企業のイノベーション推進に寄与する優れた例である。

また、2022年に私が株式会社ワコールと手がけたプロジェクトがある。[*16] ワコールは女性向けの下着の製造販売をメイン事業とする企業であるが、未来に向けて「下着」と「ヘルスケア」の可能性に着目しており、そのテーマを深め、新規事業の可能性を探るために本プロジェクトが行われた。

ワコールの身体文化研究所の15人の社員に参加していただき、「2050年の『からだ』と『生きやすさ』」というテーマでグループディスカッションを行い、それを基にワコールの新事業領域のアイデアを出し合った（ちなみに2021年から2024年の間に私はいくつものプロジェクトを手掛けたが、その中で「ウェルビーイング」もしくは「生きやすさ」というテーマで依頼された案件は4つあった。このテーマに各社が関心を払っていることが窺《うかが》える）。

その後、WSで出てきたアイデアをもとに、2050年の未来において、寿命が延び、永遠の健康を手に入れた世界における人間の幸福と受難を小説として描いた（第3章所収）。下着＝「セカンドスキン」であるという概念と、それが未来における私たちのコミュニケーションを豊かにする可能性についてを追求した物語となっている。これは企業のためのSFプロトタイピング作品ながら、文芸的な評価も得、SF文芸誌『SFマガジン』（早川書房）の2023年12月号にも掲載された（掲載時タイトル「母と皮膚」）。

ワコールのプロジェクトで興味深かったことがある。最初に各グループでそれぞれテーマを決めてもらうワークをしたのだが、奇しくも全てのグループで「死なない体」というテーマが選ばれたことだ。これは、人生100年時代の健康寿命や、老いてからのライフデザインに世間の関心が集まっていることが反映されているだろう。

そこで「2050年を生きる人々は不老不死になっていて、今以上に長寿で、死や健康問題から解放されている。それはきっと良いことだ」という価値観を一旦仮置きしてから議論を始めた。しかし、実際に自分がその時代に生きていると仮定し、「その時代の社会における幸せってどんな感じ?」とか「不幸せってどんな感じ?」など、具体的に自分の未来の生活に落とし込んで考えていくと「実は不老不死ってあまり幸せじゃないのでは」「不老不死になることで、新たに不安な未来が来るんじゃないか」また「この未来像はうちの企業文化や大事にしたい理念とは違うかも」という意見が中盤で多く出、描く未来像の方向を軌道修正したり、テーマを再設定するグループが現れた。

WSを始める前は「老い=ネガティブなもの」「老いをなくすことが良い未来で

ある」という価値観に囚われていたが、必ずしもそれを追求することがワコールの企業価値に結びつかないのでは？　という発想が社員の中から生まれてきたことに私は称賛を表したい。

一般論に揺さぶられたり、固定観念に囚われずに、未来の顧客の幸せについて思考を深めたからこそ、この結論が出てきたのであろう。最終的なプレゼンは、参加者各自の関心がある分野が織り込まれた素晴らしいものだった。

企業でSFプロトタイピングを行うと、最初は皆、聞こえのいい、いかにもありそうな未来像を描きがちである。しかし、一つひとつのシーンや人々の幸福に焦点を当てると必ずしもそれが企業の目指したい未来や、企業にとってワクワクするような未来像でないことがわかるケースが往々にしてある。そうした具体性を持ちながら自分たちのカルチャーや目指したい未来像を再確認できるのも、超具体的に未来社会を描けるSFプロトタイピングの良さである。

〈採用活動〉

SFプロトタイピングで創出された未来像は、そのまま企業の目指すビジョンやミッションを外部の人間に共有するための強力なツールになる。

私が株式会社カミナシと行ったＳＦプロトタイピングのプロジェクトはそのよい例だろう。

カミナシは現場のＤＸを推進するベンチャー企業だ。当時の社員数は50名程度だったが、代表取締役ＣＥＯの諸岡裕人氏はメンバーが増えるに従い、企業の目指すビジョンや解決したい社会課題を社員に共有しづらくなっていると感じていた。

そのタイミングで、たまたま私がグロービス・キャピタル・パートナーズで実施していた経営者向けのＳＦプロトタイピングのＷＳ[*17]に参加し、この手法に可能性を感じて社内での導入を決意したそうだ。

「どうしたら社員全員が同じ方向を向き、会社の描く未来を目指す仲間になれるだろうか？」を諸岡氏と私で考えた結果、計4時間のＳＦプロトタイピングのＷＳを社員総会の場で全社員に向けて2回に分けて行った。

第1回では、２０４０年の社会像についてグループでアイデアを出し合い、宿題として４００字以上の短い小説を全員に執筆してきてもらった。第2回ではそれぞれが書いた未来の世界観をベースに、その世界における課題やカミナシの持つ役割、また社員それぞれが「もしカミナシの社長になったら？」という設定で3分間のプレゼンを作成してもらい、面白いプレゼンを作った人には全員の前で実際に社長になったつもりで発表してもらった。

50人いれば50通りのカミナシの未来像が出来上がる。ユニークなアイデアも多々あり、最後のプレゼンはとても盛り上がった。諸岡氏も「あの人がこんな未来を思い描いていたなんて、意外でした」と言いながらプレゼンに聞き入っていた。その後、諸岡氏が参加者それぞれの描いたカミナシの未来像からアイデアを抽出し、実際に自身で「２０４０年のカミナシ」をテーマにした８０００字程度の小説を執筆した。それをベースに小野がリライトし、２０２２年から２０４０年までのカミナシの変遷の予定を小説の形で描き出した。

作成された小説は『カミナシビジョン２０３０』というタイトルで企業のコーポレートサイトに掲載された他、バインダー形式の冊子にし、クライアントや社員、採用候補者に「カミナシが目指している未来」として共有された（第4章所収）。

なぜ「２０４０年のカミナシ」をＷＳのテーマにしたのに『カミナシビジョン２

030』なのかというと、実際に2040年にこの未来を実現するためには、2022年から2030年までの間にどのようなことに取り組み、2030年の時点でどのような企業でありたいのか、を読んだ人により強く訴求したかったためだ。

これは単純に「2030年」に焦点を当ててWSをやるよりも効果的に描けたと思う。近すぎる未来にピンを置けば、ついつい現在からの積み上げで発想してしまいがちであるが、2040年や2050年のように「どうなるかある程度予測がついていることと、わからないことが混在しているような時代」を設定にすることで、想像が広がりやすくなり、参加者の希望やニーズ、「ひょっとしたら?」という奇抜なアイデアを盛り込みやすくなる。そこからバックキャストすることで、地に足がつきつつも夢のある未来像が創造できる。

諸岡氏はこのWS以降、採用候補者に必ずこの冊子を手渡し、自分の働きたい会社のイメージ像や目指したい社会の姿と一致しているかどうかを確認しているそうだ。それにより、採用候補者と企業のビジョンのミスマッチを防ぎ、今では70名いる社員のうち90%がこの小説を読んで入社した社員であると語っている。

「WS中に社員から出た複数のストーリーを一つの物語の形に具体化することで、全社員が同じ方向を向き、さらなる事業成長を加速させる狙いがあった。これまでは会社としてどんな未来を描いているのか、どんなカスタマー像を描いているのか、経営層は理解していても、末端の社員にまで共有できていないという課題があった。それが一気に解決された」

と諸岡氏は語る。

カミナシのこのプロジェクトはその革新的な試みが評価され、株式会社SmartHRが主催する、働き方をアップデートした取り組みを表彰する「WORK DESIGN AWARD 2022」において「ニューカルチャー部門賞」を受賞した。

このようにSFプロトタイピングで描かれた企業の未来像を共有することで、企業理念やビジョンに共感する人材を引きつけることができる。ミスマッチを減らし、入社後の定着率向上にもつながる。社員一人ひとりが未来の働き方を具体的にイメージし、企業の目指す方向性を共有するためのツールとして、SFプロトタイピングは大いに有用である。

〈PR〉

現在一番活用されているのが広報PRだろう。

ソニーのプロジェクトは代表的な例であるし、私が関わったプロジェクトとしては、とある住宅メーカーからの大阪万博出展を目的としたPR資料作成のためにSFプロトタイピングを活用したいという依頼もあった。その企業は革新的な3Dプリンタ住宅の製造販売を行っているのだが、奇抜な家の外観やコスト面での訴求力はあるものの、それ以外の部分、例えば3Dプリンタ住宅によって人々の生活や住宅の未来がどう変わるのか、不動産業界がどう変わるか、またSDGs的なメリットなど、単なる資料だけでは伝わりづらい部分の魅力をアピールしたいという課題を抱えていた。

「3Dプリンタで建てた家」で暮らしている人々の様子を具体的に描き、最終的には映像化する目的のため、「2050年の3Dプリンタ住宅×コミュニティ×働き方」というテーマでWSを構築し、そこで出たアイデアを基に私が3000字程度の小説を書いた。WSには、この企業のコンソーシアム企業（主に建設業・土木業や建築デザイン関連）50社の社員が参加し、オンラインで50名が参加する大規模なWSとなった。

各社とも3Dプリンタ住宅に並々ならぬ関心と熱意を持っているものの、現存する課題に対応することに精一杯で、そもそも「未来の住宅」にユーザーが何を求めるのか？ に関する考察が不足していた。そのことに気づき、それぞれの業界・事業から見た2050年の人々の働き方や暮らし方の変化を具体的に想像したことで、より未来の住宅へのニーズに迫ったアイデアを小説化することができた。

〈パーパスの設定〉

SFプロトタイピングは、企業のパーパス策定においての「変わり種」にとどまらず、有意義な変革をもたらすアプローチである。

企業のパーパスを抽象的な概念ではなく、具体的な物語として描き出すことを可能にするため、社員一人ひとりにより伝わりやすく共感を得やすい。社員のエンゲージメントを高め、組織全体のパフォーマンス向上につながる。また、多角的な視点から未来像を分析・検討することで、現在の延長線上では見えにくい潜在的な課題や機会までもが見え、より現実に即した説得力のある成長戦略を構築することができるだろう。企業パーパスは単なるスローガンではなく、企業の存在意義を明確にし、社員のモチベーションを高め、持続的な成長を導くための羅針盤である。ＳＦプロトタイピングはより効果的、かつ創造的にそれを作るための強力なツールとなる。

〈ロゴ・コンセプトの浸透〉

例えば、ロゴやコンセプトを刷新したとき、その意図が社内になかなか浸透しづらいという悩みを担当者が抱くことは多い。パーパスだけでなくロゴやコンセプトを刷新した際にも、その背景にあるビジョンやメッセージ、目指す未来像を物語化することで、より社内に浸透させることができる。社長や役員層の社員に対するメッセージも物語に込めることが可能である。

〈研修〉

社員研修や役員研修としてＳＦプロトタイピングは有用である。

とある不動産関係のサービスを開発している企業で全社員に対してWSを行った。「今後の自社はどうなるのか？」をテーマにグループに分かれ、2050年の社会に関して「家族の形態」「コミュニティのあり方」「働き方のあり方」の3つのグループに分かれて未来像を設定し、その世界観を舞台に、サービスのユーザーを主人公に設定し、全社員に物語を書いてもらった。その結果、自社が業界にもたらす価値や役割、重要性を実感できたという意見が多く見られ、経営者層からも非常に満足できたと意見が得られた。

〈イベント〉

他に、PR目的のワンデイWSや社内・社外イベントとしてもSFプロトタイピングは斬新かつ知的刺激の大きな手法である。東京都下水道局とWIREDは2021年、「下水道の未来」をテーマにSF的発想で新たな可能性を探求する一日WSを開催した。[*18] 参加者の大学生たちは、下水道の現状と課題について理解するレクチャーを受けた後、下水道の役割と未来について深く考察し、グループで「2070年の下水道のある／ない世界」を舞台にしたSF作品を作成し発表した。

私は講評・アドバイザーとして参加していたのだが、短時間で一つのテーマについて理解し、アイデアを掘り下げるのに、グループで未来についての作品を作ることは非常に効果的であると感じた。また、とある企業の所有するコワーキングスペースで会員向けにＳＦプロトタイピングのＷＳを行ってほしいという依頼を受けて実施したこともある。先述のしまねソフト研究開発センターと飛浩隆氏によるＷＳなどのように、地元民を巻き込んだ地域活性のイベントとしてもとても面白いツールだろう。

以上が主にＳＦプロトタイピングを活かせる分野であるが、未来予測はあらゆる場面で企業の未来に関わってくる重要な分野であるため、他にもさまざまな分野で活かせるだろう。これを読んでいるあなた自身も、ＳＦプロトタイピングがどのように自分のビジネスに活かせるか想像してみてほしい。

SFプロトタイピングをやってみたいと思ったら

では、本書を読んでSFプロトタイピングを行ってみたいと思ったらどうしたら良いのだろうか。

当社に連絡する

と書きたいところだが、まず、一般的なSFプロトタイピングの手法及びプロセスについて説明する。

(1) WS

SFプロトタイピングは、通常1回から複数回のWSの手法を取られることが多い。

研修やイベントの場合は1回きりで数時間のパターンが多いが、パーパスの策定、未来年表の作成など、企業の未来に関わる目的であれば、腰を据えて5~6回のW

Sを行い、多角的な視点から未来像を深掘りする必要があるだろう。これまで私が承《うけたまわ》った案件では最短は1回2時間、長期では半年間で6回のWSであった。

また、人数だが、少人数過ぎると多様な意見が出にくくなるため、最低でも4名はいると良いだろう。私の経験では一度のWSの最少人数は4人、最多人数は50名である。オンライン開催でもZoomやTeamsなどの会議ツール、LucidsparkやMiroなどのクラウドホワイトボードサービスを利用して実施が可能である。

WSの内容に関しては、本書の実践編に掲載されているワークシートを参考にしても良いし、前述の『SF思考』などSFプロトタイピング関連の書籍にも紹介されているので、それを参考に組み立ててみると良いだろう。

・テーマ設定は抽象度を上げすぎず、下げすぎず

さて、WSを成功させるために重要なのは「テーマ設定」である。

例えば、ソニーのプロジェクトが「2050年の恋愛」をWS全体を覆う一つの巨大な傘としたように、大きくテーマを設定して議論したほうが良い。テーマ抜きでワークを行うと、あまりにも取り扱えるトピックが広がりすぎて、最終的に広く浅くの議論になりがちである。また、テーマは身近なものにしたほうがそれぞれの参加者の持つニーズや不満がビビッドに反映しやすい。気候変動についてのアイデアを出すことが目的だったとしても、気候変動が関わる事象はあまりにも広範囲に及ぶため、「2050年の気候変動」をテーマとするとどこから話していいかわからなくなってしまう。まずは一旦「2050年の住居」とか「2050年の農業」または「2050年の移動」などにしたほうが、身近なトピックから考えを広げやすい。その過程で、気候変動に関するアイデアも出してゆけば、抽象的な議論にとどまらずに実感に基づいた議論ができるだろう。

また、私がお勧めするのは3つの軸をWS内に設定することである。ワコールの場合は「2050年の身体×生きやすさ×ワコール」であったし、前述の3Dプリンタ住宅の企業に関しては「3Dプリンタ住宅×コミュニティ×働き方」であった。

これはSFプロトタイピングには関係ない、TAE（Thinking At the Edge）という思考法であるが、人間は3つの単語を提示されると、その3つに関連する事象を自動的に想起せずにはいられないそうだ。「猫」「真夜中」「満月」……ほら、頭の中に何かしらの言葉やイメージが浮かんできたでしょう？　思考というのは範囲を限定されたほうがかえって活性化しやすい。３つ何かしらのテーマがあると、その３つの事象の関連性を想起したり、共通する項目について議論したりしやすくなるのである。

「２０５０年について議論してください」というより「２０５０年の交通と気候変動とコンビニについて議論してください」のほうがより尖《とが》った、具体的なアイデアが浮かんできやすいはずだ。

なお、３つのテーマを設定するときはそれぞれの抽象度をバラバラにするほうが良い。「２０５０年の法律とＩＴと生活」より「２０５０年の法律とＡＩと高校生活」のほうがより具体的に話しやすいだろう。自社が関連する領域、もしくは未来探索を行いたい領域に関して、抽象度が低─中─高の３つのキーワードを抽出し、その中から選んでみてはいかがだろうか。

また、もし予算の関係や時間の都合でＷＳを開催できない場合でも、以下の２つの方法でも代替可能である。

・ヒアリング

ＳＦ作家（書き手）に関係者にヒアリングを行ってもらう、もしくは資料を分析してＳＦプロトタイピング作品を執筆してもらうことは可能である。

私が以前とある住宅メーカーに依頼を受けた案件では、設立の周年記念に、その会社の実現したいビジョンや２０３０年ごろの目指す姿をパンフレットとして配りたい、そのために中編小説を書いてほしいという内容で、社員５〜６名にインタビューしそれを基に４万字の小説を執筆した。

この手法の欠点としては、ＷＳのように集合知的な未来像のアイデアが得にくくなることだ。そのため、社内の知見を持つ人材へのヒアリング時間を十分に取り、書き手が情報収集に十分な時間と情報を得られる環境を作ることが不可欠である。また、その場合でも情報源が偏らないように、専門的知識を持つ社員のみならず、各部署のいろいろな人材から話が聞けるほうが、多くの社員にとって腹落ちするピントの合った未来像を執筆してもらえる確率が高まるだろう。

・座談会

ＷＳではなく、未来像について各社員に座談会的にトークしてもらい、そのアイデアをもとにＳＦプロトタイピング作品を執筆するという方法もある。その場合も、後述するように社内階層と年齢、男女比には気を配り、多様な意見が出るようにしたい。

（２）参加メンバーで小説を書いてみる

ＷＳを行った後は、いよいよ自分たちで小説を書いてみるフェーズだ。

私が行うＷＳには必ず参加者全員に一人１作品のＳＦプロトタイピング作品を書いていただいている。作品といっても、４００字程度の短いものなので簡単に書ける。これを行うことで、ＷＳで出たアイデアをそれぞれの関心領域と結びつけて言語化でき、よりリアルに検証できるようになるのでこの過程は絶対に欠かさないほうがいい。出来上がった作品を基に分析するワークの土台にもなる。

ＳＦ作家に依頼するにしても、まず、自分たちで小説を書いてみることはとても重要だ。外部のＳＦ作家よりも日々企業の内部で働く人間のほうが、業界や事業に対して理解度が高いし、彼らの肌感覚をもって予測した未来像はしばしばリアルで、危機意識に富み、新規事業や正確な未来予測につながる豊かなインスピレーションが埋まっていることが多い。彼らがこれまで言語化できずにいた未来像を吸い上げることは企業にとっても大きなメリットである。

（3）ＳＦ作家に小説執筆を依頼する

ＷＳで出たアイデアを基に、ＳＦ作家に小説化を依頼する。ＳＦ作家への依頼方法としては、取り入れてほしい世界観やアイデア、テーマをはっきりさせておくことだ。あるいは、ＮＧ項目（犯罪行為は書かないでほしい、他社を批判するような内容は入れないでほしい、など）をはっきりと事前に伝えておく必要がある。また、どのような用途で使うのか（ＰＲ目的か、研究開発なのかなど）も明確にしておくことが重要である。ＳＦ作家にはできればＷＳの段階から参加してもらうほうが、多様かつ、有用なアイデアを得やすいだろう。

（4）プロトタイプする

予算が割けるのであればぜひここまでやってほしい。小説で描かれたガジェットやサービスをそのまま試作するのでも良いし、自分たちなりに小説内のアイデアを咀嚼《そしゃく》し、現在自社が抱える課題やニーズに応えるような試作品を作ってみるのも良いだろう。実際に作ってみることで、実現への道のりの課題や、アイデアのさらなるブラッシュアップができる。ソニーのように、社内のデザイナーチームに依頼するのも良いし、大学などの研究機関と連携して試作品を作ってもらうのも良いだろう。SF作家が描いた作品を自分たちなりに解体・再構築し、自社の製品のプロトタイプを作るのは企画開発の部署の人間にとっては非常にエキサイティングな試みとなるはずだ。

（5）小説を分析する

この過程をコストの面から省略するクライアントも多いが、実は、これが効果を最大化するために一番重要である。

SF作家が描いた小説世界を複数のメンバーで分析することで、その中に登場するガジェットやサービスが人々にもたらす効果、社会への影響について理解を深めることができる。もしくはもしこの世界が実現したときに起こりうる問題、それに伴うビジネスチャンスなどについても多角的に話し合うことができる。WSを経て未来への解像度が高まった状態では、アイデアもぐんと出やすくなっているだろう。

例えば、「サイバーエージェント×WIRED Sci-Fiプロトタイピング研究所」のプロジェクト[*19]では、SF作家2名が執筆した小説に参加メンバー6名が分析を加え、その世界における新たなビジネスチャンスや、サイバーエージェントがその世界で持つ役割、もしその世界でサイバーエージェントが新事業を立ち上げるとすればどんなものか？　などの項目について話し合った。小説という下地があるため、具体的なアイデアが出しやすく、リアルな新規事業についてのアイデアが豊富に出た。WSの成果物としての小説の分析こそ丁寧に行い、社員から意見を吸い上げるべきである。

以上が主なSFプロトタイピングの実施方法である。

この過程を踏まえれば、プロに依頼せずとも、社内だけでひとまず一連の流れを実施することも可能である。

SFプロトタイピングは専門家のものではない

私はSFプロトタイピングに関わる以前、クリエイティブ・ライティングのワークショップを全国の教育機関や自治体で10年間行ってきた。

そこで気づいたのは「プロの書き手だけでなく、小説など書いたこともないようなアマチュアの人々が、ハッとするような鋭い現代社会への洞察を含んだ革新的な物語を生み出すことがある」ということである。

一分野の未来や、一つの業界の未来に関しては、その分野に詳しくないSF作家よりも現場を知っている社員のほうがイノベーティブな意見を持っていることがある。

とある老舗のメーカーでSFプロトタイピングのWSを行ったときのことだ。その企業は半導体用の針のほか、手芸などで使う針を工場で昔ながらの方法で生産しており、品質の高さから世界でシェアを握っている。

WSで、役員層は皆「ビジネスモデルはそうそう変わらない」という意見だったが、工場勤務の70代のベテラン工員の方がおっしゃった、「おそらく30年後には針は金属製ではなくなっている。というのも――」という言葉に一同ハッとした。これまでの議論では、針は当然金属製であるという前提に基づいて進んでいたからだ。

そこから「もし針が金属でなくなったとしたら当社にはどんな変化が求められるのか」という議論が盛り上がり、食品由来の針や、土に還《かえ》る針を作ってはどうかという意見が出た。

これこそがSF的な「IF」がもたらす脱構築的な議論である。

その発言をした方は「鉄の原料に関わる国が戦争に巻き込まれた場合に鉄の値段が上がり、今のように針は作れなくなるかもしれない」という危機感を常々抱いていたそうだが、そうした発想は実際に「その日」が来たときに備えるシミュレーションとして大変有用ではないだろうか。

現場に居続け、現状の問題点や業界の変化を定点観測し続けてきた人だからこそ、現実との接続点を失わないまま、誰もが思い付かないような「ありそうな未来」を描けたのだろう。ではなぜ現場からイノベーティブな意見がなかなか上がってこないのかというと、単純に聞かれなかったからだろう。SFプロトタイピングはその絶好の機会である。

WSを行って面白いと感じるのは、そうした大胆な発想が役員層だけでなく、一社員の方から出てきた瞬間だ。

現場の未来予測こそが企業の窮地を救う!

普段の業務の中ではこのような「未来はどうなる?」というような意見や議論は(特に現場の方々からは)起こりにくい。

SFプロトタイピングを行うことは、普段は滅多に聞くことのできない各社員の未来予測を掬《すく》い上げることができ、経営に反映できるというメリットがある。普段は考えていることを言語化するのが苦手だったり、いきなり「50年後の当社はどうなる?」と聞かれても言葉に詰まるような人々であっても、思考のフレームワークを使い、小さなワークを繰り返して一つひとつの問いを積み上げてゆけばアイデアが出やすくなる。

『もし高校野球の女子マネージャーがドラッカーの「マネジメント」を読んだら』(岩崎夏海・著、ダイヤモンド社・2009年)という書籍がヒットし、このタイトルは昨今でも「もしトラ(もしトランプが再び大統領になったら)」というようなミームとして繰り返し使われ続けているが、SFプロトタイピングはまさにこの「もし○○が△△だったら」という思考実験であり、それは何もプロの書き手に限定された芸当ではない。WSの型さえあれば、そのような想像を全くしたことがない人であっても解像度が高い未来像を描き、新たなビジネスチャンスを生み出すきっかけになる議論を行えるのである。

現場の彼らは経営陣が気づいてもいなかったようなアラートを鳴らしてくれたりするし、それがゆくゆくは会社の危機を救うカギになりうる。ぜひSFプロトタイピングによってその声を拾い上げ、収集してほしい。

成功の6つのポイント

ＳＦプロトタイピングを企業活動の中に組み込み、有益なツールとして実用化するには、私は以下の６つのポイントが重要だと考えている。

（1） 経営層の理解とコミットメント

ＳＦプロトタイピングは決して短期的な成果を求めるものではない。長期的な視点で企業の未来を創造するためのもの、企業の未来像をクライアントや社員と共有し、同じビジョンを見据えて行動変容を起こせるようにするためのものである。そのため、経営層がその意義を理解することは重要である。

先述のように、経営層の視点からは見えてこない会社の強みや魅力などを発見する機会でもあるが、時には経営層が盲点とする鋭い指摘や弱点を捉えた意見が出るかもしれない。

例えば、十数年後の社会の変化を織り込んで企業の未来を予測したとき、「現在の事業内容では廃業に追い込まれる」もしくは「会社が衰退するかもしれない」という、不都合な未来像が社員の間から出ることがある。耳の痛い意見だが、それは彼らが見ている「リアルな未来」だし、現場を知る彼らの肌感のほうこそが案外正解に近いかもしれない。それを「我が社の未来像としてふさわしくない」と退けず、そうした声に耳を傾け、「不都合な未来」にどう立ち向かうのか、時には事業のピボットも見据えて議論ができるような柔軟な頭を持つことが経営者層には必要である。SFプロトタイピングをやる側としても、ワンマン経営の会社でWSをやっても多様な意見がつぶされてしまうので全然面白くない。

(2) 多様な人材の巻き込み

SFプロトタイピングは多様な視点からのアイデアを取り入れることで、より重層的かつ、バラエティにあふれた未来像を描くことができる。そのため、部署や役職を超えて多様な人材を巻き込むことが重要であるし、社員一人ひとりが自由に意見を言い、議論できる雰囲気づくりが必要である。

ワークショップ参加者の年齢層や性別、属性が偏れば、当然その人たちの見えている世界しか立ち上がってこない。あらゆる人間がＳＮＳによってエコーチェンバーの中に巻き込まれている現在では、自分が見ている世界が全てだと思い込むのは自殺行為である。多様な属性のメンバーが議論に参加し、他のメンバーから出たアイデアにツッコミを入れることで、よりリアルであり得そうな未来像が描ける。

実例を挙げよう。とあるプロジェクトで「惜しい」と思える光景を目にした。

そのプロジェクトで、私は「厚生労働省が自殺防止アプリのインストールを全国民に義務付けており、バイタルサインが24時間モニタリングされ、心身の健康が常に国家管理されている世界」を描いた。その世界では、心の不調をきたした人間は即座に仕事がストップし、一人ひとりに最適化されたＡＩカウンセラーが立ち上がり心の不調に寄り添ってくれる。その小説世界を実際にビジュアライズすることになり、ＷＳ参加者とＡＩカウンセラーのＵＩ（ユーザーインターフェース）や見た目はどのようなものだろうか？　と話し合っていたときだ。一人の20代の参加者が、「ＡＩカウンセラーが人間の姿をしていると威圧感を感じてしまう人もいるかもしれないから、樹木や生き物、ポケモンのような姿をしているのはどうだろうか？」

というアイデアを出したところ、同じ世代の参加者はうんうんと頷《うなず》き合っていた。しかし、即座に50代の上司が、

「木に話しかけても癒されなさそうだから、カウンセラーの見た目は若い女性で良いんじゃないの？」

と否定した。これにより、20代の参加者の出したアイデアが流れていってしまった。

これは非常にもったいないと感じた。その参加者は個人的な体験から「こうであってほしい」を口にしたのに、50代の男性上司の「カウンセリングなど感情のケア労働に携わるのは主に女性である」という従来の社会文化に基づいたバイアスに囚われた意見によって封じられてしまったのである。

もちろん、その上司の「自分が利用する場合は若い女性のＵＩのほうがいい」というのも一つの実感として参考にする余地はあるが、しかし、ＳＦプロトタイピングとは多様な未来の可能性について議論するためのものであり、一つの属性の参加者の意見だけが尊重されるような環境ではその長所がうまく機能しない。古臭い価値観の人間の意見だけが通るような場所では古臭い未来像しか生まれてこない。

また、とあるメーカーでＷＳを行ったときのことだ。再三伝えたにもかかわらず、参加者は全員が30代後半から40代前半の男性、中堅層の正社員という構成だった。またワークの参加者は５人なのに対して会議中に一言も発さないオブザーバーが20人ほど参加していて、参加者は全員やりづらそうだった。このような環境でワークをやったところでバラエティに富んだ意見が出ないのは自明で、金をドブに捨てているようなものである。

このとき、５人には２０５０年の未来について執筆してもらったが、どの作品も主人公の視点や作中に登場する技術が似たり寄ったりで、その後の議論もテーマのバラエティに乏しいものになってしまった。ＳＦ小説に書き手個人の視点を入れ込んで書いてもらうのがＳＦプロトタイピングの醍醐味であるが、ライフステージや年齢によって個人的に関心のあるテーマが偏ってしまうのは当然のことであるし、参加者のジェンダーや年齢層が固まっていると、このような結果につながりやすくなる。ジェンダーバランスはできるだけ配慮したほうがいい（アサインするＳＦ作家に関しても同様である）。参加者の属性が偏っていれば、一部の人間にとって都合の良い未来像しか生まれてこないので、新しいアイデアやサービス・製品開発のきっかけにはならない。できるだけ社内の多様なメンバーを巻き込んで議論したほうが、この手法の長所を最大限に活かせる。

（3）古い頭の上司に睨まれていては革新的なアイデアも出てこない

繰り返しになるが、できれば参加者の上司が口を出したり睨《にら》みを利かさない環境をつくったほうがいい。上司がいるとどうしても「会社としての正解の未来」ばかり口に出すことになる。社員といえど一個人であり、生活者であり、マーケットの消費者である。会社を超えた一個人としての実感や「未来の社会がこうなっていてほしい」という希望を、小説の中に組み込んで良いと思えるような自由闊達とした空気がないと、結局は上司が好みそうなビジョンしか出てこなかったよね、という残念な結果になりかねない。

SFプロトタイピングの良さは「不都合な未来とどう対峙するか？」のシミュレーションが可能な点である。SFプロトタイピングの実践者はぜひ「会社にとって不都合な未来像でも、アイデアとして浮かんだ場合は口に出してほしい」と促すべきであるし、参加者は思い描いた未来を臆せず口に出すべきである。「不都合な未来」から目を背け続けていては、「欲しい未来」は永遠にやってこないのだから。

(4) 継続的な取り組み

SFプロトタイピングを一度実施しただけで終わりにするのは大変もったいない。社会の変化や技術の進歩に合わせて、定期的に未来を見つめ直し、新たなアイデアを生み出すことがアウトプットを活用するために重要である。SFプロトタイピングを継続的な取り組みとして定着させることが望ましい。

予算の関係で一度しか実施できない場合でも、何年後かにアウトプットを見直してみて「現実との齟齬」や「新たなアイデア」について議論してみるとより結果を活用できる。

「このサービスは思ったよりも早く社会に登場しそうだな」とか「今の研究開発のペースで2050年にこうした技術を開発するには、2030年までにこの研究に取り組んでいないと危なそうだ」など、いろいろな気づきが得られる。常に未来を見据え、変化に対応できる組織づくりのためには定期的に見返し、未来像をアップデートすることが必要である。

（5）多様な人材からフィードバックを得る

プロジェクト全体を通して、専門家の知見を得ることは重要である。

一つの分野に関するSFプロトタイピングを行うのであれば、その分野の専門家に意見を仰ぐのも効果的だし、また複数のSF作家から助言を得ることはさまざまな角度からアイデアを検証するために重要だ。また、意見やアイデアをもらうのはSF作家だけではなく、SF的な未来像を描いているアーティスト（例えばメディアアーティストの長谷川愛氏などは、未来の技術をテーマに数々の作品を発表しており、数々のSFプロトタイピングのプロジェクトにも携わっている）、ITジャーナリストやSFを得意とする漫画家など、いろいろなジャンルから募るのも良いだろう。より幅広い属性を持った相手をブレインとして招き入れられれば、より多角的で柔軟な発想が可能になる。

彼らにフィードバックをもらうことで、その未来像が独りよがりになっていないか、また見逃している問題点がないか、視点が硬直していないかを精査できるし、新しいアイデアも生まれるはずである。

(6) 成果物は定期的に見返し修正を加える

SFプロトタイピングの成果物である小説、もしくは未来年表などは、定期的に読み直し、メンバーで検討して変更を加えてゆくことで長期的に活かすことができる。作成から時間が経てば考えが変わるものだし、正誤が立証されたり、新しいアイデアが生まれもするはずだ。カミナシの諸岡氏も作成した小説を年度ごとに読み返し、修正点や新たなアイデアを加えているという。また、SFプロトタイピングの専門家やコンサルタントから定期的にフィードバックを得ることも重要だ。客観的な視点を得ることで、自分たちだけで実践していては見えてこない盲点が炙り出されることもある。

＊1　https://dhbr.diamond.jp/articles/-/7481
＊2　https://www.fastgrow.jp/articles/idekoba-saijo
＊3　https://panasonic.co.jp/design/flf/works/future_prototyping/
＊4　https://landing.lixil.com/futurelifecreativeaward
＊5　https://wired.jp/sci-fi-prototyping-lab/
＊6　https://www.kgri.keio.ac.jp/project/research-centers/2023/A23-24.html
＊7　**消滅可能性自治体**
民間の有識者グループ「人口戦略会議」が国立社会保障・人口問題研究所の推計に基づき、若年女性人口（20～30代）の減少率を市区町村別ごとに分析。２０５０年までに若年女性人口が半減する７４４の自治体は、最終的に消滅の可能性があると分析した。
https://www.hit-north.or.jp/cms/wp-content/uploads/2024/04/01_report-1.pdf
＊8　https://wired.jp/2021/10/19/sci-fi-prototyping-kamakura-ryo-yoshigami/
＊9　https://wired.jp/2021/12/05/world-marketing-forum-sf-prototyping/
＊10　https://jiminyokohama.gr.jp/wp-content/uploads/2021/05/2019-%E8%B2%AC%E4%BB%BB%E3%81%A8%E7%B4%84%E6%9D%9F.pdf
＊11　https://www.s-itoc.jp/support/employee-development/employee-development-seminar/sf-prototyping
＊12　https://kamiyama.ac.jp/
＊13　https://www.mri.co.jp/50th/events-sf/index.html
＊14　https://www.maff.go.jp/j/shokusan/sosyutu/attach/pdf/itaku-21.pdf
＊15　https://wisdom.nec.com/ja/feature/manufacturing/2023033002/index.html
＊16　https://www.bodybook.jp/tatazumai/171186.html

＊17 https://globis.jp/article/56700/

＊18 https://wired.jp/branded/2022/03/07/tokyo-chika-lab/

＊19 https://www.cyberagent.co.jp/news/detail/id=26303
https://wired.jp/branded/2021/06/07/sci-fi-prototyping-cyber-agent-ws/

第3章

【特別収録】SFプロトタイピングatワコール

『私の、美しい皮膚』

小野美由紀

1

皮膚はあなたの表面であり
同時にあなたそのものでもある
潜り切った先にある海の底の青を、空と錯覚しそうになるのはなぜだろう。

ざばん、という水音とともに、世界が分かたれた。眩《まぶ》しい光がカーテンのように差し込む中を、深い青を求め潜ってゆく。眩しい陽の光は、さっきまでいた世界と同じ明るさで目を眩《くら》ませるのに、もうここは私の場所ではない。深く、疾《はや》く。全身の細胞がひとまわり縮むような冷たさが全身を包み込む。魚たちが無数のスパンコールのように光を反射し、海面からの距離を知らせてくれる。水深10m。まだ、足りない。太陽が、近い。足に取り付けた人工筋肉のパワードユニットが、蹴り上げる数倍の力をフィンに伝え、銛《もり》のように私の体を海底へと突き進ませる。
いつも、気が済むまで思い切り深く潜る。二度と浮かび上がらない危険性を顧《かえり》みずに。あの人は、いつもそうしていた、と言っていたから。

水深20m。ここまで来ると、水圧で浮力が消え、何もしなくても体が浮かなくなる。だんだん呼吸が苦しくなり、脳幹からつま先まで痺《しび》れが走る。一瞬、恐怖を覚えるが、渾身の力で後ろに足を蹴り上げると、体の中を流れる冷たさが虹色の光を伴ってスパークした。圧倒的なものに包まれる心地よさ。水圧で3分の1になった肺が必死に酸素を送り出し、血管の一筋一筋が熱く脈打つ。素潜りをする人間の中には、息を止めた苦しさが性交の悦びより勝ると言ってはまり込み、そのまま亡くなる者もいると聞くが、まだ経験の浅い私には分からない。

海の底に着いた。静寂が訪れ、心臓の鼓動だけが響く。ここで叫んでも、誰にも届かない。世界の電源がオフになったみたいに、全てが、止まる。酸素不足で麻痺した脳が感覚を遮断し、私を完全に一人にする。——否、あの人とだけは繋《つな》がっている。こんな時でも、私はあの人と一体だ。

生命が警告を発するギリギリまで留まってから、ゆっくりと海面に浮上した。水《みず》飛沫《しぶき》をあげながら、元いた世界に触れる。新鮮な空気が空っぽになった肺に流れ込み、私を生かそうとする。死ぬのはどうしてこうも難しいのだろう。とりわけ生きたい、と強く願っていなくとも。

皮膚の上に水圧の余韻を感じながら、自動追走モードに設定していた水陸両用ヴィークルに乗り込んだ。海上の風の冷たさに肌が粟立ち、思わず二の腕をさする。手のひらの冷たさが体表の温度よりも勝っている。母はびっくりしたかもしれない。顎下に埋め込んだ骨伝導フォン越しに、私は話しかけた。

「ごめん、母さん。——母さんの愛した海はどうだった？」

私が身に纏《まと》っているのは、神経伝達繊維を織り込んだセンサリースーツだ。超極薄の透明な生地が全身を包み込み、紫外線や汚染物質から体を守ってくれる。光学迷彩でデザインは自由自在の上、厚さも持ち主の意志一つで変えられた。元は優れた身体計測技術を持つ日本の大手下着メーカーで、現在はヘルステック企業として発展している企業が〝第二の皮膚〟として開発したものだ。

それだけではない。センサリースーツは着用者の感じる全ての皮膚刺激をデジタル信号に変えて遠隔地に届ける。私が今、感じている身体感覚はそのまま遥か遠く、地上から１０００㎞離れた宇宙ホテルの一室にいる母の皮膚の上に完全に再現されている。肌についた砂つぶ一つ、わずかにそよぐ風のひと吹きまで逃さない。視覚

第3章
私の、美しい皮膚

共有レンズと骨伝導フォンで視覚と聴覚を共有し、食事の時には嗅覚と味覚センサまで身につければ完璧だった。私は母の皮膚を着、母の目と耳を持って旅をしているようなものだ。

幾度かにわたるパンデミックに戦争、気候災害からの避難。私たちの世界は今世紀に入り何度も分断され、歴史には決して刻まれない無数の別離を生みだしてきた。今ではこのスーツは人々の生活にはなくてはならないものだ。メタヴァース空間に再現された克明なヴィジュアルとサウンドでも到底補いきれないリアルな体感を、まるでその場にいるかのように伝えてくれるから。とりわけ、高齢化率が50％を超えた私の国において、身体の不自由さから解き放たれ、若い頃の楽しみを再び味わいたいという人々にとっては、このスーツは格好の娯楽の道具だった。ガイドがスーツを着用して代わりに旅するバーチャルツアーや、プロ選手がスーツを着て行うバーチャルスポーツ、人には言いづらい、密やかな愉《たの》しみ、ｅｔｃ。

しばらく波間に漂っていると、遠くから一隻の水上住居がゆっくりと近づいてきた。さざなみの弧を描きながら、私の横に止まる。

「お嬢さん、フルーツいらない？」

女性がハッチから顔を出した。引き締まった体をショッキングピンクのスーツに包み、豊かな髪を流行の髪型に結《ゆわ》えている。高線量の紫外線を耐えず浴び続ける生活だろうに、肌はまるで屋外に出たことのない人間のように美しく、しみ一つない。彼女は私の全身をちらりと見ると「かっこいいね。そのスキン。似合ってる」と言った。スキンダイビング時のフォルムは、2020年代に流行したブランドの最新コレクションのテキスタイルが体の全面に大胆にプリントされたウェットスーツ型に設定してある。母が若い頃に熱狂していたブランドだ。商売用のお世辞でも、母の趣味を褒《ほ》められるのは嬉しい。ハッチの中のコンテナには、艶《つや》やかなオレンジやパイナップル、マンゴーなどがぎっしりと並んでいた。この辺りではまだ天然のフルーツが採れるらしい。宇宙ホテルで食べ慣れたフェイクフルーツと、味はどう違うのだろう。熟れたマンゴーを購入して、代金をこの島でしか通用しない地域仮想通貨で払いながら私は聞いた。

「あの、つかぬことをお聞きするのですが、この人知りませんか」

真四角の紙に印刷された写真を、防水バッグの中から取り出す。

「へぇ、紙の写真なんてまだ存在したの」

第3章
私の、美しい皮膚

彼女は写真に顔を近づけ、目を細めた。褪色した写真に写る人物たちは、かろうじて目鼻だちがわかる程度だ。一人は、若い頃の母。もう一人は、おそらく当時の母の恋人だろう。

「うーん、これじゃ知っててもわからんね。デジタルの写真はないの」

「いえ……これしかないんです」

この写真を母の荷物の中から見つけたのは、数ヶ月前だ。二人はそれぞれ相手の体に腕を回しあい、微笑んでいる。母の表情は心の底からリラックスしているように見える。初めて見つけた時には、今まで一度も見たことのない彼女の表情に驚かされた。

「ああ、そういえば昨日、観光局のひとから聞いたわ。お母さんの皮膚を着て旅をしているお嬢さんがいるって」

宇宙ホテルであらゆる人種を交えて暮らしている私にとって、噂話の出回るあまりの速さに苦笑してしまう。しかし、このコミュニティの小ささは人探しをするにはむしろ有利だった。

「はい、そうです。母は昔この地で暮らしていました。戦争が始まる、もっと前のことです」

私の今いる場所は南海の孤島だ。青い海と豊かな自然に覆われ、標高１６００ｍの山を抱えるこの島は、つい十数年前までは敵国の領土だった。女性の背後、遠くの海岸の方には、切り立った崖と、私たちを拒むように聳《そび》える要塞が見えた。澄んだエメラルドグリーンの海が、黒ずんだ壁に反射した太陽光を受けてまばゆく輝いている。

「今は宇宙ホテルで総合医療ケアを受けながら生活しています。体が不自由になった母のために、こうして私がセンサリースーツを着用して旅をしているんです」

「宇宙ホテルか。あんなところに入れるなんて金持ちなんだね」女性は目を丸くする。

「名前は？」

「ツキです」

一拍おいて、この地に暮らした母の名を聞いていることに気づいて言い直した。

「ウミです。鷺坂《さぎさか》ウミ」

「知らんねえ」

第3章
私の、美しい皮膚

　女性は顎に手を当てて首を傾《かし》げた。潑剌《はつらつ》とした外見にそぐわず、仕草や口調には年老いた人間の特徴が滲み出ている。母と同じ服装の趣味を有するぐらいだから、実年齢はきっと、見た目よりもずっと高いのだろう。

　この島の人々が若々しいのは、この島の一大産業であるウェルネスパークを運営する超国家企業の技術実験に協力しているからだ。乗り物に乗っている間にいろいろなフィジカルチェックをする遊園地や入浴中にがん検診を行うスパ施設、高度な医療美容技術を駆使したリハビリや身体改造、整形施術のための宿泊施設を備え、世界中から「老い」を忌避する金持ちたちが最先端のアンチ・エイジングケアを求めてやってくる。確か、このスーツを開発したヘルステック企業が運営を任されているはずだった。老化を止め、若く健康な肉体を保つことは、ここ数十年の世界中でのトレンドだった。私の母のように、老いに抵抗せず、寿命を受け入れる方が今では珍しい。

　彼らほど長く人生を生きていない私には、そうまでして生命を齧《かじ》り尽くしたい人々の気持ちは分からない。もしかしたら、彼らの寿命を延ばしているのは彼ら本人の意志ではなく、彼らの家族の願いなのかもしれない。私が母に、1秒でも長く生きていてほしい、と願うように。

「彼女が暮らしていたのはもう40年も前のことですから」

「そうかぁ。じゃあ分からんな。わたしがこの島に来たのは20年前だから。ここらの人はみんなそうだよ。近くの島から逃げてきた人ばっか」

この40年で、このあたりの国境は幾度となく変わった。小さな島々は翻弄《ほんろう》され、取り引きの道具にされ、軍事拠点として原形を止《とど》めないほど造り替えられた。いくつかの島は居住不可となり、住民たちは住んでいた島を棄てざるを得なくなった。自治を求めて独立を掲げたこの島を保護したのは、今では国家に匹敵する権力を持つ超国家企業だ。独立とは名ばかりで、彼らの生活は実質、超国家企業の提供するシステムと物資に支えられ、企業活動に協力することで自治体としての体《てい》をどうにか保っているのだが。

母が元気なうちに、観光が再開していたらどんなによかっただろうと思う。ただ、母が来たがったかどうかはわからないが。

そうですか、と私はうなだれた。長い戦争を経て住民が散り散りになった島で、名前も知らない人間を探し当てるのは至難の業《わざ》だろう。

「これからどこ行くん？」

「クバル岳に登ってみようと思うんです。母はトレッキングも好きでしたから」

「そう。ガイドは？」

「これから探します」

「だったら良い人がいるよ。今も岳の麓《ふもと》に住んでるガイドさん。ベテランでねぇ、このへんでネイチャーガイドっつったら、そん人が一番よ。観光案内所で紹介してもらえるはずさ」

彼女はデバイスを開き、観光案内所のウェブサイトからガイドの一覧を出し、スクロールする。

「名前、なんつったっけねぇ。……あ、もしかしたら、そん人なら昔住んでた人のことも分かっかも。この島で生まれて、一回も外に出たことねぇってたから」

2

肉厚なシダの葉が重なり合う森の中を、黙々と進んでいる。

見上げれば、ブナの樹冠が滴《したた》る緑をくゆらせ、天の高さを知らしめていた。シャワーを浴びながら歩いているような湿気と、隙間のない蟬しぐれが体にまとわりつき、思考を鈍くさせる。

なかなか進まない私の数メートル先を、大きな荷物を背負いながらガイドが歩んでいた。

「霧島《きりしま》ヨウです……宜しくお願いします」

初めて会った時――つい数時間前のことだが――ヨウはその大きな体軀をぎこちなく曲げて挨拶した。客商売とは思えない愛想のなさと、人を跳ね除けるような雰囲気に私はたじろいだ。精悍な顔つきに短く刈り上げた髪、筋骨隆々の体と日に焼けた肌。それ以外に、ガイドらしい特徴はまるでない。これまで母と旅した時に頼んだガイドは皆ニコニコとして愛想が良かった。依頼を取り消そうかと思ったが、クバル岳の最難関コースを案内できるのはこの人以外にいないよ、と観光案内所の人には説明された。

ツキです、と名乗った私を、じろ、と品定めするような目で見たきり、ヨウは顔を上げない。無言のままどんどん先へ進んでゆく。こいつ、本当にガイドなのか。

第3章
私の、美しい皮膚

文句を言いたい気もしたが、延々と続く急斜面に体力と気力を奪われ、口を閉じた。私は動植物に関する詳しい解説が欲しいわけではない。私の目的は、母にかつて愛した土地を体感させることなのだ。

ぬるぬるとした苔《こけ》が覆う岩道を、滑りそうになりながら這うように登ってゆく。スーツの厚さを調整し、生い茂る植物や虫から肌を守っているにもかかわらず、草木が刺さるちくちくとした感触を錯覚し、いらいらする。パワードユニットを付けてくればよかった。これぐらい自分の足でも登れるだろうと甘く見ていた。ヨウはパワードユニットなしでも、軽々と岩を乗り越えてゆく。すっきりと刈り上げたうなじから、大粒の汗が滴り落ち、木々の隙間から差し込む光に弾けた。どれぐらい長くこの仕事をしているのだろう。

休憩ポイントに着いた。ヨウは担いでいたクーラーボックスから経口補水液を取り出し、私に向かって差し出す。一気に喉に流し込む。食道を伝いおちる冷たい一筋一筋が、乾き切った全身の細胞全てに沁み渡るようだ。

「お母さんは」

突然、ヨウが口を開いたので私はびっくりした。

「お母さんは、ここへ来れて喜んでんの」

「え、あ、はい、まぁ……多分」

私は首筋のタトゥー型センサに触れた。網膜投影型のレンズ・デバイスをオンにする。視界に、ゆるやかに波打つ青色の模様が浮かんだ。母の脳神経のニューログラフィーは随時私に転送され、母のおおよその感情は知ることができた。

今の母は、穏やかだ。

ヨウは訝《いぶか》しげな顔でふぅん、と言った。こちらに興味があるのかないのか分からない。

「お母さんが、ここに住んでいたのはいつのことなんだ」

「もう40年も前です。戦争が始まる前」

「名前は」

「ウミ」

「……ふぅん」

ヨウの相槌《あいづち》には、奥歯に何かが挟まったような感触があった。

「年老いてから、急に母はこの島の話をするようになりました。海に潜るのが大好

第3章
私の、美しい皮膚

きだったこと、山頂から見る海景色が大好きだったこと。――でも、一度だって来たいとは言わなかった。あれだけ旅行が大好きだった母が、です。もちろん戦争のせいもある。でも、入島できるようになって長いこと経つのに、一度も。その理由を知りたくて、来たってのもあるんです」

ヨウは睨《ね》めるような目つきで私を見た。

「あんたの自己満足じゃないの」

腹が立った。なんでそんなこと、こいつに言われなきゃならないのだろう。

「自己満足で、悪いですか」

「悪くない。……ただ、がっかりするくらいなら知らない方がいいこともある」

ヨウの眉間に険しい皺《しわ》が刻まれた。

「このへんの島はな、周りの大きな国が力を失ったことや、各国の軍事行動の舞台が宇宙に移行したことで軍事拠点としての価値が薄れて、ようやく解放されたんだ。けど、それで元に戻るわけじゃない。失ったものは返ってこない。海も山も、まるで別物だ。ルリカケスも消えたし、珊瑚《さんご》は白化した。町も人も消えた。地形も崩れた。かつて住んでいた土地が変わり果てたのを見て、喜ぶやつはいない」

私にとっては、今の海も山も十分美しい。そう言いかけたが、やめた。ヨウがこの島を愛していることが伝わったからだ。けど、思い出の地がどんなに変わったからといって、そう容易に嫌いになったりするだろうか。その地にこびりついた思い出は、消えないんじゃないのか。

「それでも私は、母が愛したこの地に来てみたかったんです」

ヨウは不機嫌な顔つきのまま押し黙っている。言わなきゃよかった、と私は後悔した。さっき会ったばかりの人間に、私の気持ちなんて、到底分かりっこない。

「あの、セイガ浜の沖のポイントに潜りたいんですが、案内してもらえますか」

仕方がないので話題を変えた。セイガ浜沖はこの島の中でも上級者向けのダイビングスポットだ。

「あのエリアは地形が変わって危ない。あんたみたいな素人じゃ無理だ」

「パワードユニットの出力を最大にしてもですか」

「流れに巻き込まれたら、高確率で死ぬ。熟練のダイバー以外は潜らせない」

「母はよく、あのポイントで潜ってたって言ってました。あそこの海が、この島で一番美しいんだって。母の思い出の場所に潜りたいんです」

第3章
私の、美しい皮膚

「死にたくなけりゃ、黙っていうことを聞け」

横柄な口調に私は苛立《いらだ》った。この人に何を言っても、何を聞いても無駄だ。早く、頂上まで登って景色を見て帰ろう。

やがて、頂上にたどり着いた。母の話では、山頂からの眺めは集落の赤い屋根屋根がコバルトブルーの海に映えてとても美しいとのことだったが、目に飛び込んできたのは、眼下に延々と広がる瓦礫《がれき》と、打ち捨てられた基地の残骸だった。40年間の歳月が、島を疲弊させた戦禍の跡が、海の美しさをかき消していた。

私たちは無言のまま、岳を降りた。

＊　＊　＊

海は濃紺に白濁の混じる複雑な表情で、激しいうねりを見せている。

ヴィークルを停めると、ざばんと海に飛び込んだ。センサリースーツのおかげで寒さはないが、それでも衝撃で心臓が跳ねる。こめかみに、きんと差し込むような痛みが走る。

深度を増すごとに視界が暗くなる。10m。20m。海底はもう間近だ。呼吸にまだ余裕があった。流れは強いものの、ヨウが言うような厳しさはなかった。もうすぐ底に手が届く、ふと気を抜いた瞬間、ぐい、と強い力で体が攫《さら》われた。海流に捕まったのだ。いくら蹴り上げても、巨人の手で捕らえられたように身動きできない。それどころか少しずつ流されてゆく。焦りが上下を分からなくさせた。海流にきりもみされ、体勢すら整えられないまま、どんどん元いた場所から離れてゆく。肺の痛みが、喉の苦しさが限界を超え、思わず息を吐いてしまった。目の前で泡が散り、気道に海水が流れ込む。もう駄目だ。

意識が遠のきそうになった瞬間、突然、強い力で腕を摑まれた。続いて口に何か硬いものをねじ込まれる。ヨウだった。「吸え」くぐもった声が聞こえ、言われるがままに思い切り息を吸った。塩辛い海水が鼻腔まで入り込み、目の奥がツンと痺れた。頭の中が真っ白になる。一拍おいて、流れ込んで来たのは新鮮な酸素だった。ヨウは私をはがいじめにしたまま浮上した。私とは比べ物にならない力強さで。白い光の帯を抜けた、と思った瞬間、海面に浮かんでいた。

「ばか」

怒声が耳をつんざいた。

「だから言っただろう。泳ぎ方を知らないやつがこんなところで潜るな」

第3章
私の、美しい皮膚

ヨウは私をぐいぐいと引っ張り、自分のボートまで連れて行った。押し込むように乗せられる。浮力から解放された体は鉛のように床に張り付いた。動けない。

「命を捨てにきたのか。誰のための命なんだ」

目の前に、怒りに満ちたヨウの顔がある。床に仰向けに寝た私の体を、覆うように四つ這いになっている。

「いくら人間じゃなくても、波に飲まれたら死ぬんだぞ」

言葉にならない声が、半開きにした口から漏れた。なぜ、分かったのだろう。私は呆然とヨウの顔を見つめた。次の瞬間、強い力で抱きすくめられた。呼吸ができない程の、強い力で。

「頼むから、二度も同じ思いをさせないでくれ」

悲痛な声だった。海水で冷えた体に、ヨウの体温が染み込んでくる。頭の中の、どこかで何かが反応した。背に回された大きな掌《てのひら》。そっと頬に触れる指先。押し当てられた頬の滑らかさ。全てが大好きだった――

こんな記憶は、昨日までは〝なかった〟。

私は思わず体を離し、言った。

「あなたは私のお母さんね」

いっときの静けさが、私たちの間を分かち、そして綴《と》じた。

相手は身をこわばらせ、目を見開いている。次に、低く唸《うな》った。唸りながら、次の言葉を探しているようだった。私を傷つけまいと、あるいは、自分自身の傷を引っ掻《か》くまいと。

「なぜ分かった」

やがてヨウは言った。

「分からない」

私は答えた。

「なぜ分かったのかが分からない。バグとしか言いようがない」

「……君の、と言うのには抵抗があるが」

ヨウは声を絞り出すようにして言った。

「そうだ。君の元になったツキの、生物学上の母だ。——ウミの元恋人で、元妻だ」

つま、と私はつぶやいた。ヨウはかぶりをふった。

第3章
私の、美しい皮膚

「ああ、そんな古い言葉はもう君たちの世代では使わないよな。パートナーシップに関して、雌雄を特定する名称が使われていた頃の、婚姻制度がなんらかの役割で相手を縛るものだと勘違いされていた頃の」

「あなたがウミの元パートナーで、私の、もう一人のお母さん」

「違う」

ヨウは叫んだ。ついさっき、自分で言ったことを打ち消すように。

「違う。君の母ではない。ツキは一人だけだ。私にとってのツキは……5歳でこの世から消えたんだ。君はツキじゃない。別の人間だ」

「私はお母さんからツキと呼ばれて育った。だから私が」

そう叫んでから、訂正が必要だと思い言い直した。

「私も、ツキです」

ヨウは黙った。

「私はあなたの知っているツキじゃない。でも、お母さんは私を実の娘として作りました。私はお母さんに作られて嬉しかった。私たちは、親子です」

私は続けた。

「ずっと気になっていました。私のもう一人のお母さんは誰なんだろうって。母の相手が女性だと言うことは、なんとなく、感じ取っていました。写真を見た時も、ああ、やっぱりって」

「ウミから詳しく聞いたことは?」

「ない。母は私が5歳になるまでのことについては一度も話したことがない。私の人格の元になった〝ツキ〟が生まれてから死ぬまでのことは」

ヨウの顔が歪《ゆが》んだ。私はこの人を傷つけている、と思った。優しいヨウ。私には子供もいない。恋人もいない。母しかいない。だからこの人の苦しみは分からない。でも、ヨウと母を見ていると分かる。細胞を新しくし、血液を入れ替え、どれだけ肉体を若返らせても、人間は過去の因縁から逃れられない。どれだけ取り繕《つくろ》っても、一度起きたことはその人の体の中に残り続ける。ひと目だけ編み間違えたセーターの穴が、着るたびにざらざらと指に引っかかるように。

でも、私は、この傷ついた老人——写真の中で、ヨウと母はほぼ同年代に見えた——から、全てを聞かないといけないのだ。

「君がツキから作られたということはひと目で分かったよ」ヨウは言った。「君の

第3章
私の、美しい皮膚

顔は、私が昔に思い描いていた、成長したツキの姿に瓜二つだ」

「母は死んだツキが成長して20歳になった時の頃をイメージして私の外見《フォルム》を作ったと言っていた。あなたも、お母さんも、頭の中で同じ姿を描いていたってこと」

「最後まで、何も話さないつもりだった。気づかれないまま、さっさと帰ってもらおうと。今日だって、放っておくつもりだった。でも、思い直した。君がツキの人格をベースに作られているなら……ウミの性格を引き継いでいるなら、きっと私が止めても、言うことなんて聞かずに潜りに行くだろう、と」

「今まで分かりませんでした。あまりにも写真とは、見た目が違うので」

「外見を変えたくなるような出来事がたくさんあったんだ。特に、戦争の間は」

ヨウは短く言った。その言葉に、ヨウの人生における、「ツキの母」としてではなく過ごした膨大な時間の重なりを私は初めて感じ取った。

「自覚はしていなかったが、これが私の長いこと望んでいた本来の姿なのだろう。時代が変わって、技術が進歩して、今やっとそう感じられるよ。超国家企業に依存している今の状態は好ましくはないが、技術を提供してくれたことには感謝してる
……ただ、」

ヨウは顔をあげた。その顔は、変わらず苦しげに歪んでいた。

「何でもかんでも、受け入れるわけにはいかない。どの技術を受け入れるかは、それぞれが、それぞれの中で線引きをしなけりゃいけない。私は君を、ツキだとは思えない。例え人格のベースがツキにあったとしても、細胞の元をツキから取っているとしても、君は、あのツキじゃない。ツキは死んだんだ。5歳の時、ウミが目を離した隙に家から出て海に入り、高波に攫《さら》われて」

「母を責めた？」

「責めるわけがない。あんなに傷ついて自分を責めている人間を。私はウミを愛していた。その事件のせいで、ウミを愛さなくなったわけでもない」

ヨウの瞳の表面に、光が揺れる。感情の揺らぎがそうさせているのか、瞳に映る波のせいなのか、分からない。

「救急医療のおかげで、娘は一命を取り留めた。けど、植物状態になった。一年もの間、ツキはよく頑張ったよ。けど、駄目だった。私たちは彼女に何もしてあげられなかった。一度も意識を取り戻さないまま、6歳になる直前に彼女は亡くなった。私はウミに、もう一度子供を作ろうと言った。彼女は拒否した。それも仕方がないと思った。彼女の中で、ツキと過ごした5年間の記憶は絶対だった。もしまた子供ができたとしても、ツキの記憶を重ねてしまうだろう。彼女はそれは、次の子にとっては不幸なことだと思ったんだろう。そう思って納得していたのに、ウミは、」

ヨウは顔を歪めた。

「ツキが死んで5年が経って、私に黙ってツキのクローンを作ろうとしたんだ」

3

「ツキが生きている間に、母はツキの細胞を保存していた？」

「そうだ。私はそれだけは許せなかった。あの頃は人間のクローンを認証するかどうかで世界中がまふたつに割れていた。あの頃、私は再三、こうした技術は受け入れられない、生き物として間違っているとウミに話していた。ウミは、きっと私に相談すれば反対されると思ったんだろう。勝手にウミのＤＮＡを保存していて、承認が下りるのを待って、クローンを作ろうとした。ウミの実家は裕福だったから、それぐらいはお手のものだった。冗談じゃないと思った。私だってツキの親なんだ。

どちらか一方がより母親だという意識を持たなくていいように、人工子宮での出産を決めたのに」

「卵子同士の生殖は間違ってない？」

「私もそれについては迷った。迷ったよ。でも踏み切った。私たちは子供が欲しかった。ウミを愛してた。世間でどう言われようと、ウミとの子供だったら、きっと3人で幸せに暮らして行けると」

ヨウの顔に、かつての愛の面影が見えた。塩混じりの砂がパラパラと肌に刺さる。私の皮膚ではなく、センサリースーツに。ひりつく不快さが嚙み付いてくる。私はそれを払わずに、ヨウの言葉をじっと待った。ヨウは過去の記憶に没入している。

「最初にウミに会った時のことは、今でも覚えているよ。彼女は最初、観光客としてこの島に来た。ウミって名前なのにウミのない県で生まれたの、と言って笑ってた。彼女の泊まっているホテルのオーナーから、スキンダイビングをやりたい客がいるからガイドを頼めないかと言われて出会ったんだ。小さな島で、まだ戦争も始まっていなくて、若い人間も少なく、孤独だった。法律で同性婚が認められたとニュースで流れてきたが、この島には関係ないだろうと思っていた。一生この寂しさ

第3章
私の、美しい皮膚

を抱えて一人で生きるだろうと思っていた。でも、彼女に出会って、それはただの思い込みだと気付かされた」

「彼女は飲み込みも早くて、新しいことをやりたがりで、いち早く上級者向けのポイントで潜りたがるから止めるのが大変だった。2ヶ月に一回の島通いが1ヶ月に一度になり、そのうち、京都のマンションを引き払って私の家に転がり込んだ。島で女同士で結婚したのも、子供を作ったのも私たちが最初だった。今では特段、珍しいことでもなんでもないが」

「彼女は強かった。欲しいものを欲しいという強さがあった。それが、ツキが死んだ後で、弱さに変わったんだ」

ヨウの顔に濃い影がかかった。私は振り返った。空を塗り込めるような巨大な雲が、私たちの頭上に迫っていた。

「私たちの間には埋まらない溝ができた。ウミは、あなたは私を幸せにすると言ったよね、と何度も言い、私を責めた。確かに、結婚した時に私はそう言った。子を亡くした人間の悲しみから来る言葉だと、受け止めるには私も打ちのめされすぎていた。抱えきれない無力感が、私たちの生活を支配して、色褪《あ》せさせていった。そのうち、追い討ちをかけるようにあれが起きた」

「戦争、」

「そうだ。本土出身者はみな逃げ帰ったよ。ウミは、誰より先に逃げた。つまらない場所だ、といつも言っていた故郷にね。『もう二度とこの島には来ない』と言い残して。私はそれが正しい選択だと思った。辛《つら》い記憶の残る場所に、いつまでも居続ける必要はない」

「あなたは逃げなかったの」

「私は、残ると決めた。ここが私の土地だから。ツキが眠るこの場所から離れたくなかった。……その選択は、今も間違ってなかったと思うんだ」

ヨウは姿勢を直し、私に向き合うと、

「もう二度と、話すことはないと思っていたよ……なあ。ウミ」

私の向こうにいる人間を探して声をかけた。

「ウミ、そこにいるだろう。ヒューマノイドとして再生したツキの体を借りて、ここへ来たんだろう」

「母は返事ができません」

第３章
私の、美しい皮膚

私は言った。

「母には意識がありません。数年前から認知症を患い、今では病気が進行して植物状態になりました。話しかけても返事ができません」

ヨウは息を飲んだ。

「私がここに来たのは、私の意思です」

私は言った。

「私の海馬には、ヒューマノイドの製造会社が母の記憶から吸い上げた〝ツキ〟に関する膨大なデータが保存されています。母によって再現された私のデジタル人格には、５歳までの記憶は残されていません。吸い上げたデータのうち、何をヒューマノイド本人の意識上に残すかは、オーナーの手によって決められます。母は５歳までのツキについて、いっさい私に知らせなかった。語ろうともしなかった。もちろん、あなたについても」

ヨウは黙り込んだ。私は続けた。

「私の人生は幸せでした。母は私を愛してくれました。私たちはずっと一緒でした。母が元気なうちは、一緒にあちこち旅をしたし、母が老いて、体が不自由になってからは、旅行好きだった母の代わりに私が母の皮膚をまとって旅をしました。私たちは同じものを感じ、同じ体験をしました。私は母が好きだし、母の望むことならなんでも叶えてあげたいと思った」

「認知症が進行してから、母は過去の記憶を楽しそうに語り始めました。驚きました。母は陽気な人でしたが、過去のことを語るときにはどこか辛そうでした。私は母の過去について、知りたいと思い始めました。けど、母の語りにもまた、まだらに抜け落ちている部分があるように思えました……それが、病気の進行によってなのか、それとも残っている母の自我が意図的にそうしているのか分かりませんでした。けど、私にはそこが大事だと感じました。母が頑《かたく》なに抗老化を避け、病気をそのまま受け入れる理由と、繋がっているように思えたのです」

「認知症は、今では治療可能なはずだろう。神経細胞の再生薬と培養脳細胞の置換手術は随分前に一般化したし」

「そこなんです」

私は言いたくないことを言わざるを得なかった。

「法的な書類によって、母は一切の治療や延命措置を拒む意志を残していたんです」

「私には理解できませんでした。母の病気が進行するにつれ、疑問はどんどん大きくなりました。老いのない体を誰もが手に入れたがっている中で、なぜ母はそうしないのだろう。母に治療を拒ませるものは何なのだろう、と。狼狽《うろた》え、必死に何か、母を説得する方法がないか探しました。でも、無理でした。母は意思疎通アプリを使用しての会話すらも拒んでいたから、取り付く島もなかった」

波が岩壁にぶつかる轟音が、私たちの間に響く。

「ただ、植物状態でも、触れたり、呼びかければ反応はするんです。私があちこちセンサリースーツを着用して旅したのは、とりわけ若い頃に体験していた皮膚刺激に対して彼女がポジティブな反応を示すからです。……意識がない母に、かつて暮らした場所の空気を、味わわせてあげたかった」

「それで、ここに？」

「……」私は首を振った。

「違う。本当は、知りたかった。だってもし、母が死んだツキへの償《つぐな》いのつもりで、延命を拒んでいるんだとしたら」

喉が締め上げられるようで、呼吸が苦しい。鼓動が溺れかけた時よりもずっと速く胸を打つ。

「私の存在意義は、結局は母にとってなかったってことじゃないか」

私は座り込んだ。海水に濡れた肌に、より塩辛いものが伝ってゆく。

ヨウは何も言わない。何も言えないだろう。黙って私を見下ろしている。しばらくそうしていたが、背を向けるとボートを操縦して岸に向かい始めた。エンジンの音が二人の間を隔てた。岸に着く頃には涙も海水も乾いていた。

岸につき、ヨウは私をボートから下ろすと車に乗るよう促した。

車の中で私たちは無言だった。砂利道の激しい隆起が、波に揉まれて疲れた体を苛《さいな》んだ。ヨウはずっと、何かを言いたげだった。逡巡《しゅんじゅん》する気配が、小さな車内に充満する。

「なぜ、私があなたがもう一人の母だと気づいたか、ですが」

私が口火を切った。

「多分、このスーツが原因です」

ヨウは怪訝《けげん》な顔をしている。

第3章
私の、美しい皮膚

「あなたの肌に触れたことで、入力された皮膚刺激から、私があなたに抱かれていた小さな頃の記憶を、ツキの人格AIが捏造《ねつぞう》したということです。……母の記憶から吸い上げられ、私のキャッシュから消された、ツキの人格の残り香のようなものが」

「よく分からないけど、お前の中のツキがそれを思い出したということか」

「はい。これはバグです。そうとしか言いようがない。なぜそんな間違いが起きたのか、私にはわかりません。けど、分かるのは、それがほんとうに起きたからこそ、その記憶が〝生まれた〟ということです」

記憶というものは不思議だ。思い出すまで、そこには存在しない。思い出して初めて「そこにあった」ということに我々は気づく。まるで手品師が虚空から鳩やウサギを取り出すように、トリガーがあって初めて、それを記憶していたという事実がわかる。それまでは、無だ。私たちは、それがそこにあることが分からない。

「そんなことが……」

ヨウは驚いた様子だったが、しばらくして、ポツリと言った。

「私は古い人間だからね、君の母親にはなれない。娘を救えなかった人間が、そう名乗る資格はない」

「そうでしょうね」私は言った。すっかり気持ちは沈んでいた。

「明日、帰ります。あなたに辛い思いをさせたくありません。私が来たのは、間違いだった」

しばらくして、ヨウは車を止めた。山の麓に、樹木に覆われるようにして、古びた一軒家が建っていた。

「ここが私の家だ。……ホテルに戻るには、もう遅すぎる。この坂の下に、ゲストを泊まらせるためのコテージがある。今日はそこに泊まりなさい」

「一つ、聞いて良いですか」私は言った。

「なぜ、あなたは老いを拒み、若い肉体を手に入れたのですか。辛い思いをしながら、なぜ長い人生を求めるのですか」

ヨウは、程なくして口を開いた。

「この数十年間で、私たちはあまりにも多くのものを失った。生まれた場所が壊れるのは、半身が引きちぎられるように辛かった。辛かったが、終わった。この島はようやく自治権を得た。……もちろん、自治とは名ばかりだが、顔も見たこともない奴らに暴力で好き勝手にされるよりは、まだましだ。好きにするんだ、これからは。死ぬまで、あと40年か50年はある。ずっとここで暮らして、この島のために、できることをするさ。この人生を、生きるに値するものにするために生きるんだ」

「パートナーはいる？」

「いない。ウミのことは、恨んでもいるが愛してもいる。愛の記憶があるうちは、人は過去にはならない」

＊　＊　＊

その晩、坂の上の家から、木々のざわめきに紛れて1匹の獣のような慟哭《どうこく》が響いてきた。耳に入れるべきかわからなかったが、波に攫われて疲れ切った私の体は重くだるく、鉛のように布団に沈み込み、四肢を無碍《むげ》に放り出したまま、横たわっていた。母にもきっと届いていたはずだ。通信はオンにしたままだった。母のニューログラフは穏やかだった。何も感じていないのかもしれないし、何かを感じているのかもしれなかった。

なぜ、私には彼女のことが分からないのだろう。

＊　＊　＊

ポートの周りにはまばらに人が散り、別れを惜しんだり、写真を撮ったりしている。遠くに停まるフェリーは大きな船体を、海に反射した光の中で輝かせている。

桟橋の前に、ヨウが立っていた。見送りに来るとは思わなかった。明け方、コテージを抜け出して集落へと戻り、荷物をまとめて昼の便に間に合うようにここに来たのだ。

「この便で帰るかと」

ヨウの顔はやつれていた。目の下がくすんでいる。今もセンサリースーツを着ているのか、とヨウは聞いた。私はうなずいた。

本当は飛行機で帰るつもりだった。やめたのは、もう少しだけ、母の愛したこの島を味わって帰ろう、と思ったからだ。肌に受ける潮風を、皮膚を焦がす太陽の匂いを、網膜に刻み込まれる、深くて重くて、底なしで、強烈で、静かなエメラルドグリーンを。

「一つ、聞いていいか」

ヨウは言った。

「ウミが死んだら……君はその後はどうするんだ」

第3章
私の、美しい皮膚

「わかりません」私は答えた。

「私は母の介護用ヒューマノイドとして作られました。母が死んだあと、自分がどうするべきかは何も分かりません。ただ、」

私はヨウの目を見据えた。

「あなたは認めなくても……私たちは人間です。去年、私たちの人権を認める法令が施行されました。人間と同じで、仕事を選び、伴侶を得て、自分の人生を生きる権利があります。だから、私もきっとそうするでしょう。自分の人生を生きることになる」

苛烈な少子化による人口減少、それに伴う労働力不足を補うため、私たちは社会に普及した。これからは人間と対等の存在として、社会の中で権利を持つだろう。私は自分の人生をこれから選び取らなければならない。母がこの島に自らの意志で来たように。ヨウが島と共に生きることを選んだように。それがどういうことなのか、私にはまだ、想像がつかない。

そうか、とヨウは言った。

今度は私が問う番だった。

「あの、お願いがあるんです」私はヨウに言った。

「もう一度私を抱きしめてくれませんか」

「ウミのためか」

ヨウは聞いた。私は頷く。

「母は、多分、まだあなたのことを愛していると思う。それぐらいは、私にも分かります」

ヨウは私の体に腕を回した。長い、体温の高い腕が私を締め付ける。汗の滲んだTシャツが頰に張り付いた。私ではない、そこにない体を抱きしめている。

しばらくそうしていたが、やがてヨウは体を離した。

「スーツを脱ぎなさい、ツキ」

ヨウは言った。森厳《しんげん》な、けれども包み込むような声で。母以外から命じられたのは初めてだ。

私はスーツを脱いだ。私の本当の肌が顕《あらわ》になる。見た目には何も変わらない。今までと変わらないはずなのに、1枚分だけ、感覚が強くなった気がした。素肌が潮風に触れる。培養細胞で作られた、人の皮膚と同じ機能を持つ、私の肌が。

第 3 章
私の、美しい皮膚

ヨウの手が私に触れる。分厚い、凹凸のある掌が私の頭を撫でる。私の頭は髪の毛に覆われている。ヨウの掌の深い畝《うね》が、私の髪の毛の一本一本をとらえる。髪に神経はないはずなのに、この人の手の表情が分かるのはなぜだろう。

「よく帰ってきた」

私は目を見開いた。

ヨウは私を見ている。私の虹彩がヨウの視線を感知する。人間が視線を熱いとか、冷たい、とかいうのはなぜだろう。本当はそこには何もないはずなのに。

「こう呼ぶことにまだ、ためらいがある。君をツキと認めることはできない。君は君だ。あの小さなツキじゃない。でもウミにとって、君は大切なツキだし、君が彼女を大事に思っているのは分かった。それで十分だ。ありがとう」

ヨウはもう一度私を抱きしめた。掌が私の背を包み込む。張り詰めていた身体中を走る神経繊維の一本一本が、許されたようにほどけてゆく。

「自分がこう感じているのが不思議だ」

ヨウの声が耳元で聞こえる。声は耳殻の中の産毛をそよがせ、温かい液体のように私の中のどこかの器に注がれる。

「最初は偽物だと思っていた。でも、嬉しい。……君が来てくれて、とても、私は嬉しい」

ヨウは泣いていた。私は泣けない。私に涙の機能はない。代わりにヨウの涙を見つめる。涙の粒の中に光る海があるのを見つける。私たちはもう一度互いの目を見つめ合い、互いの肌を抱きしめ合う。

（了）

第4章

【特別収録】SFプロトタイピングatカミナシ

『カミナシビジョン2030』

小野美由紀

Ⅰ：未来への「希望」と現実への「失望」の狭間で

——2030年

立っているだけでどっと汗が吹き出す。遠くでは太陽の日差しを浴びて銀色に輝くコンテナが、蜃気楼の向こうで揺らいでいる。

松田はARグラスを外すと額の雫《しずく》を拭った。彼女が今居るのは、パキスタンの砂漠地帯だ。国際的企業が先月竣工した人工肉培養工場にサービス導入するため、一昨日から滞在している。

「……というわけなのですが、松田さん、こんな感じでよろしいでしょうか？」

クライアント企業の担当者が、自動翻訳機能付きマイクを通じて日本語で松田のイヤホンに直接話しかける。国籍は不明だが、彼とのコミュニケーションにこれまで困ったことはなかった。

「はい、問題ありません。いただいた他工場のデータを基に、Mr.Gembaが特定した生産性課題について私達のチームがカイゼンに入らせてもらいます。同様のケースは、日本で3例、海外でも1例対応したことがあるので、2ヶ月ほどご一緒させていただければ、結果が出ると思います」

入社してから10年。松田は最初、カスタマーサクセスに配属され、その後マネージャーや責任者を務めてきた。今では社内外においてカミナシのカスタマーサクセスは、「プロジェクトX」と呼ばれている。

自分たちは単なるカスタマーサポートではない。現場で働く管理者とともに一丸となって大きなプロジェクトを成功させる伴走者であり、一番の強力な武器であるという自負がある。共に働く社員たちも『現場ドリブン』という社のモットーを一番に大切にしてきた。

その甲斐あってか、どの現場でも共通してクライアントから言われるのが「自分の仕事人生で一番の成果です」という言葉だった。

「たまに信じられないんですよね。神田のボロビルでやっていた自分たちが、世界的に有名なあのAmazone《アマゾーン》に頼られる日がくるなんて。未だに起きたら夢だった、というオチがあるんじゃないかと思います」

隣に立っていたエンジニアの井岡が、砂漠に立ち並ぶ工場群を眺めながらしみじみと言った。

まったくその通りだった。あらゆるものがアナログで、新しいことをやろうとすると反対が入る。そんな昔の現場の実態を見てきた松田からすると、国際的企業から認められ、断らなければいけないほど多くの案件を受注している現在のカミナシの姿には、井岡と同様、感慨もひとしおだった。

カミナシがここまでの躍進を遂げることになった発端。それは8年前、ある一件の相談をカミナシのＣＥＯである諸岡が受けたことだった……。


諸岡がフーズ・サプライの野口から相談を受けたのは２０２２年に入ってすぐのことだった。諸岡は当時入社したばかりの松田に話を振った。この案件は、大きくなる予感がした。

「フーズ・サプライって……コンビニに並んでるアレ作ってるところですか⁇　え、めちゃくちゃすごいですね！」

3年ほど別のベンチャー企業で経験を積み、カミナシに転職してきたばかりの松田はさっそくの大型案件に目を輝かせた。

「二人とも、喜ぶのはまだ早いですよ。こないだ関西まで行って、30分で商談終わって玉砕したじゃないですか」

別の社員から横槍が入る。諸岡は笑いながら、

「いやいや。今度こそは何が起こるか分からないし、もしかしたら導入前提で考えてくれているかもしれないしね！」

と言ったが、社員がそういうのも無理はなかった。実際にサービスをリリースしてみるとまったく売れない。売れないどころか、問い合わせすらない。

やればやるほど、本当にこんなことしていて未来があるのかと、不安になってきていた。起業してからすでに2年が経過していた。そろそろ結果を出さないとヤバい。そう思っていた。

「はじめまして、カミナシの諸岡と言います！　野口さんとお約束があり、お伺いしました」

諸岡と松田がフーズ・サプライの工場を訪ねると、食堂に案内された。東京のオフィスとは違い、ディスプレイモニターがない工場ではパワーポイントを使ったプ

レゼンなどは出来ないため、必ず紙の資料を持参している。

名刺と資料を用意して待っていると、野口らしき人が小走りで駆け寄ってきた。小柄な体軀を工場の制服に包んでいる。最初にもらったメールの文面からは現場の生産性を高めたいという意気込みが伝わってきたが、実際に会ってみると、文面から受けたほどの覇気は感じられず、何かに思い悩んでいる様子だった。

「野口です。よろしくお願いします。まずは、このような場所でお話を聞くことをご容赦ください。まだ社内でオープンにしていないので。心苦しいのですが」

「いえ！　僕らのような、無名の会社にお声がけいただいただけでもありがたいです。本当に今日は貴重なお時間をいただきありがとうございます」

「そう言ってもらえると助かります。社長さんなんですよね？　フットワークが本当に軽いですね。ご自身が現場でやられていたということを拝見して、僕らに何が必要なのか、アドバイスをいただきたいと思って連絡した次第です」

諸岡は深く頷いた。

「自分も実際に経験したので思うんですが、現場の仕事って本当に大変ですよね。あれだけ大変なのに、どれだけ頑張っても褒められない。社会のインフラだと言われても、称賛されることもない仕事ばかりで……」

「え……？」

野口は意外そうな顔で諸岡を見つめた。空気が変わる。

「どうかしましたか？」

「いえ……自分が昔思っていたことと同じことをおっしゃっていたので。驚きました」

「すいません、気を悪くされたのかと思いました」

「いえ、そうじゃないんです」

野口はぽつりぽつりと、自らの思いを話し始めた。


野口が目をかけていた新卒社員の中尾が、入社たった1年で退職したのはつい最近のことだ。

入社当時、目を輝かせて「アナログな工場の仕事をＩＴで変えたい」と語る中尾を、野口はかつて新入社員だった頃の自分と重ね合わせ、期待していた。

「海外企業と戦っていくために、ＩＴを使った〝現場カイゼン〟は重要だと思っています。最近では現場のデジタル化に取り組むスタートアップ……あ、最近ではベンチャーをそう呼ぶんですが、そういう会社は海外にもたくさんありますし、日本でも生まれつつあるんですよ」

「中尾くんは、なんでそういう会社に入らなかったの？　そっちのほうが楽しそうだし」

「いや！　僕はＩＴの専門スキルもないですし、逆に、現場側にいることでできることも多いんじゃないかなと思ったんですよね。同期に話しても、まだポカーンとしてますが、少しずつ盛り上げていきます。野口さんも、一緒にやりましょうよ！」

野口自身、これまで現場の仕事については数えきれないほどカイゼンできる部分があると考えていた。

電子化によってそれらの課題が解決するのなら、この暑苦しい新人と一緒にトライしてみる価値はあるのかもしれない。自身が入社して約10年。入社当時は、ネームバリューがあり、ＣＭで誰もが知っている食品メーカーに入社したことを誇りに思っていた。しかし、現場仕事に忙殺される中、当初抱いていた熱意はいつの間にか薄れていた。中尾の姿を見て、野口自身が触発され、自分も何かここでできるんじゃないか、という期待が胸の底に灯《とも》った。社内の若手に向けて、ＩＴサービス導入を検討するための勉強会を開きたいという中尾に、野口は協力することにした。

しかし、そう上手くは運ばなかった。当日集まったのはたったの数人。中尾はめげずにいくつかの効率化ツールやサービスを紹介したものの、「スマートフォンを持っているのは営業の人間だけで、現場にはない」「デバイスは工場内持ち込み禁止なので、導入は難しい」「規則を変更するのは年に一度と決まっている」など、口を開けば課題や問題ばかり。そもそも、会議室の利用やパソコン、プロジェクターを借りるためにはかなり前から総務に事前に申請しなければならないという時代錯誤ぶりだ。そんな環境の中、中尾の提案に乗る者が少ないのも無理はなかった。

結局、消極的な意見しか出ないまま勉強会は終わった。落ち込む中尾に野口は「現場を変えるには時間が必要だ。めげずに頑張れ」と声をかけたが、自分から動くことはなかった。

それからしばらく経ったある日、野口は喫煙所で中尾の同期たちが噂話をしているのを耳にした。どうやら、彼は現場のＩＴ化について工場長に直談判しに行ったらしい。「暑苦しい」「現実が見えていない」「どうせ上からＮＧがくる」といった断片的なワードが聞き取れた。彼が孤立しつつあるという噂話は、どうやら本当らしかった。

それから2ヶ月後、中尾は退職した。退職の直前、野口は中尾から1通のメールを受け取った。そこには感謝の言葉とともに、心臓を鷲掴みにされるような言葉が書かれていた。

『これまで相談に乗っていただき、ありがとうございました。工場の中でお話しした中では、野口さんが一番理想を共有できる相手でした。今の状況が最高ではない、よりよい現場にするためにできることが多い、ということに野口さんは気づいていると思います。

でも、一切行動を起こしていません。

僕は、呼びかけに否定的だった人たち以上に、野口さんに対して失望しています。今回自分は退職という結果になりましたが、野口さんには願わくば、会社の中から働き方を変えられるような、そんな未来を作ってもらいたいと思っています』

目に飛び込んできた〝失望〟の二文字。

何も知らない新入社員なんかに分かってたまるか、という怒りが湧き上がる一方、事なかれ主義を貫き、傷つくことを恐れていた自分の矮小《わいしょう》さをまざまざと見せつけられたような気がして、野口は肩を震わせたまま、メールを返すこともできなかったという。

2：現場の仕事を変える、真のカイゼンを追い求めて

「そんなことがあったんですね」

話を聞き終わった諸岡は、再び、深く頷いた。

「上には〝現場でどうにかするのがお前の仕事だ〟と言われてしまいます。マニュアルをちゃんと作ったり、現場に出て声がけして回ったり、そういう基本を徹底しろ、と。でも、本当にそれだけでカイゼンにつながるかどうかは……」

野口はこれまでの苦渋のすべてを、シワというシワに詰め込んだような表情でため息をついた。

諸岡は真剣な顔つきになると、用意していた営業資料を脇にどかし、前のめりの姿勢になって話し始めた。

「野口さん、今日僕は営業に来ました。でも、一旦それは忘れてお話ししようと思います。まだ曖昧な夢のような話ですが、いいですか？」

野口は頷いた。

「僕は、現場の管理者、つまり野口さんたちがやっている仕事の、極端に言えば7割は無意味だと思っています」

「7割ですか」

野口は目を見開いた。

「……随分と大きな割合ですね」

「はい。無礼を承知で言いますが、チェックや作業の指示、新入社員の教育、報告書の作成……こうしたものは、オペレーションを回す上でなくてはならないものです。しかし、一方では『できて当たり前』で、頑張っても褒められないですよね？」

かなり率直な物言いだ。脳では反論しようと、様々な言葉が湧き上がってくる。しかし、不思議と怒りは湧いてこなかった。むしろ、続きを聞きたいという気持ちになっていた。

「すべてを肯定はできませんが、そういう側面があるのは確かだと思います」

「でも、もしそれらの無意味な仕事をすべて自動で行えるようになったら？」

諸岡は目を輝かせて言った。

「その時こそ、僕は現場で働く人たちが持っている創造力を１００％解放し、現場の仕事をより楽しく、クリエイティブなものに変えられると思うんです。人は創造力を発揮して働くとき、一番の喜びを得られると信じています」

野口はポカンとした。諸岡の言っていることが理解できなかった。……一体何を言っているんだろう、この人は？

諸岡はコホンと咳払いをすると、続けた。

「現場と創造性、かなり遠い組み合わせだと思われたかもしれないのですが、そんなことはないんです。実際、僕が話を聞いた現場の方々は誰もが、〝こうなったらもっと良い現場になる〟というアイデアをたくさん持たれています。ですが、なかなかアイデアを実行に移せない。なぜだか分かりますか？」

少し考えながら野口が答える。

「……時間がないから……ですか？」

「まさに！　おっしゃる通りです。現場は〝できて当たり前〟の単純作業や憂鬱な仕事に忙殺されています。そもそも、何かを閃いても、実行する時間もないんです。

でも、それだけではありません。もう一つ、重要な問題があります」

一瞬の間を置いて、諸岡が口を開いた。

「それは〝道具〟がないことです。自らのアイデアを実行に移すための最適な道具。これが今の現場では『紙』と『口頭』のみです。シフト勤務をしている従業員全員に野口さんの考えを伝えようと思うと、朝礼で5日間連続で話さないと伝わりませんよね？　作業の方法を変えようと思えば、マニュアルをラミネートして配布しないといけない。その結果、現場の効率性や不良品の数がどうなったのかは、紙の情報を集計してやっと分かる。これでは皆、時間があったってしんどくてやりたくないですよね？」

「確かに、私たちも事務作業をする際に、年々いろいろなソフトが導入されて便利になっていますけど、もしも〝エクセルは使ってはいけない〟と言われたら……仕事になりませんね」

「僕自身、今はＩＴ業界で働いていますが、何か成果を生み出そうとするときは、〝どのツールを使おうかな？〟とセットで考えます。道具がないと、そもそも何もできないと分かっているからです」

「なるほど。時間と道具が必要ということですか。よく理解できました。でも、どうやるんですか？」

「まずは単純作業を一切なくします。単調なチェック作業やマニュアル作成、配布、シフト調整や何度も同じことを繰り返し伝える新人教育など……一切やらなくてよくなる世界を作ります。あえて率直に言わせていただきます。そういった単純作業は、現場の皆さんから人生の楽しみを奪っています。そうした現状を変えるために、僕たちは今、現場のデジタル化ツールを作っているんです」

「一切、やらなくていい……」

「はい！　一切です。野口さんや同僚の皆さんは、一人一台のパーソナルアシスタントを持ち、例えば、『この報告書まとめておいて』『生産計画に合わせてシフト組んでパートさんに送っておいて』と指示すれば彼らが勝手に進めてくれるというイメージです」

「そんな、夢みたいなことが……」

「はい、まさに。そういう時代が今に来ます。カミナシが目指しているのは、単なる帳票電子化サービスではありません。電子化ではなく、〝自動化〟です。それによって、ノンデスクワーカーが持つ、これまで見えてこなかった発想力やクリエイティビティを100%活かせるようにすることが、カミナシの目指す世界なんです」

だから、Webサイトやインタビューでは〝ノンデスクワーカーの才能を解き放つ〟と書いていたのか、と野口は合点がいった。

起業以来『ノンデスクワーカーの才能を解き放つ』というミッションに基づき、顧客の成功のために走り回ってきた。日本に3900万人いる、現場従事者たち。これほどIT化の進んだ時代においてさえ、彼らはまだまだ非効率的な作業に囚われていることが多かった。カミナシはゆっくりとだが着実に、SaaS[*1]という形で様々な道具を提供し、変化を促してきた。

しかし一方で、諸岡はこう感じてもいた。真にカミナシに求められていることは単に現場の帳票を電子化することだけではない。現場の作業を〝つまらなくて、辛いもの〟から、〝エキサイティングで、やりがいがあるもの〟に変えることこそが、カミナシのやるべきことだ、と。

「IT化、DX推進というと、すぐにAIだIoTだとおっしゃる方が多いですが、それはあくまでも手段の話です。何のためにそういう技術を使うのか？　これが本来は重要なはずです。Mr.Gembaというサービスは、2030年までにノンデスクワーカーの働き方を一変させる。そして、彼らの人生を変えるサービスになる。それを目指しています」

諸岡の、営業に来たとは思えない熱っぽい口調に、野口はポカンとした。次の瞬間、破顔した。いつかの中尾の顔と、目の前の諸岡の顔が重なって見えた。

「まず一歩目にやるべきは、現場でデジタル化に取り組む人たちを増やすことです。根本から働き方を変えるという理想を目指すにしても、今の状態だと話になりません。現状を変えたくないという人たちが多すぎます」

野口には、本当に自分が相対するべき相手、取り組むべき課題が見えた気がした。

「ありがとうございます。お考えはよく分かりました。私だけの一存では決められませんが、社内で働きかけてみます」

3：現場の人々が持つ力を、デジタルで解放するために

それからの月日は、あっという間だった。松田は諸岡と井岡と共に「現場の仕事をエキサイティングでやりがいのあるものに変える」べく、必死でMr.Gembaの開発に取り組んだ。

当時、松田は構想を聞いた時に難しすぎると思ったし、エンジニアチーム内でも、もっと地道に目の前の開発をしていったほうがいいのでは？　という意見が大半だった。そんな時、エンジニアの井岡だけが瞳を輝かせていた。彼はミーティングでこんなことを言った。

「でも、それを実現すれば、現場で働く人達の働き方が一気に良い方向に変わりますよね。今の10倍喜んでもらえるなら、どんなチャレンジでもβ版マインドでやってみたいです」

この一言が転機だった。以前から、『顧客が喜ぶなら、平然と崖から飛び降りる男』と言われてきたが、その意味が松田にはやっと理解できた。

第4章
カミナシビジョン2030

今日に至るまで苦労の連続だったが、カミナシはついにパーソナルアシスタントを完成させた。現場の単調な作業は次々に自動化され、デジタル化が進んでいった。

すると、面白いことが起き始めた。カミナシがあらゆる現場の紙をデジタル化した結果、これまで紙の中に埋もれていた膨大な現場情報がデータに変わっていった。日々のオペレーション結果から、業界ごとのミスや課題の傾向、カイゼンの打ち手、その結果や効果など……貴重なデータが蓄積されていった。松田は、こうした現場のケーススタディを解析し、業界別に最善のソリューションを構築した。今ではこのコンサルティング提案を目当てに、カミナシの利用申込みをしてくる企業が後を絶たない。カミナシの現場カイゼンのプロフェッショナルサービスは、世界的なコンサルティングファームにも引けを取らないほどの評価を得ている。

もちろん、ノンデスクワーカーの働き方も大きな進化を遂げた。これまで口頭や紙で伝えていたことも、Mr.Gembaに依頼すれば一瞬だ。翌日からすべてが動き出し、現場スタッフのスマートグラスに指示が飛ぶ。結果も翌日にはデータ化されて見ることができる。成果が出なければ、何かを変えて、また試す。

これまでＩＴ業界では当たり前だった「アイデアの具現化」と「結果を瞬時に把

握する」ための武器。それを、現場に持ち込み、誰もが使えるようにした。それにより、カミナシを導入した現場は目に見えて生気に溢れ、一人ひとりが自立したプロフェッショナルとして仕事にコミットし始めた。

「現場で働く人々が持っている創造性を、デジタルの力でオペレーションに即座に反映でき、その結果がタイムリーに分かる状態」

——これこそが、諸岡の考える「エキサイティングで、やりがいのある仕事」の姿だった。

PDCAサイクルを回す速度は100倍から1000倍になり、いつしかカミナシの顧客成功の定義は『現場でプロジェクトXを成功させること』になっていった。

こうして、カミナシは2027年にパーソナルアシスタントMr.Gembaを発表した。ユニコーンと呼ばれる評価額で上場していたカミナシの株価は、さらに跳ね上がった。2030年には1兆円の時価総額を目指すという中期経営計画も、このごろでは誰も笑わなくなっていた。

「IT業界と同じくらい先進的な働き方を、現場でも実現したい！」

数年前、そんなことを諸岡をはじめカミナシの経営陣が語っていたが、当時はま

第4章
カミナシビジョン2030

だ絵空事だった。しかし、そのビジョンを信じてくれたＶＣ（＝Venture Capital＝ベンチャーキャピタル）から大型の資金調達をしたり、未来を信じて導入を決めてくれた顧客のおかげで少しずつ現実にしていった。海外の国際的企業から依頼が舞い込んだ時は、世界で勝負できる！　と会社中が沸き立ち、翌日はお祭り騒ぎとなった。自分たちは日本の誰もがこれまで成し遂げてこなかったことを成し遂げたんだな、という嬉しさでいっぱいになった。

一つひとつの現場は小さい。でも、私たちはそこに、誰よりも大きな革新と喜びをもたらしている。妄想が現実を追い越したのだ。

「大変だったけど、ここまであっという間でしたよね」

井岡にそう言われて、松田ははっと我に返った。隣で井岡が汗を拭いながら、ぬるいビールを啜《すす》っている。もう何年も昔のことを、工場から数キロ離れたレストランで昼食がてら休憩しながら、松田は思い返していた。

「あのころは暗中模索でした。諸岡さんにパーソナルアシスタントって何ですか？　って聞いたら、『現場の管理者がやりたくない仕事を全部やってくれる何か！』って答えが返ってきて、何かってなんだよ……と思いましたよね」

本当だね、と松田が相槌を打つと、井岡は続けた。

「でも、現場にはよく行ってたので、やりたくない仕事っていうのが何なのか、イメージは湧きましたよ。大変でしたけど、開発して、初めて導入してくれた企業さんが目をまん丸くして、『スゴイ！』と褒めてくれたときは人生で一番嬉しかったですね」

日常生活の中でも、Mr.Gembaが使われている場面に遭遇することがここ数年で急激に増えた。

飛行機に乗れば、飛行場で整備士たちが使っている。ＪＲの駅舎では駅員がMr.Gembaを手にしている。それを目にするたび、ああ、本当に、現場で働く人たちから求められていたサービスを作ったんだ、という感慨が、松田の胸にしみじみと湧いてきた。

「けど、これからどうするんでしょうかね？」

井岡の言葉に、松田は再び我に返る。

「どうするって、何のこと？」

「諸岡さん、カミナシにとっての今後10年を担う新しい武器が見えてきた、ってこの前言ってましたよ。きっと、社会の新しい動きを見据えた上で、何か企《たくら》んでいるはずです」

「きっと、また突拍子もないこと言い出すんだろうね。私たちも当然、それに付き合わされる、と」

「突拍子もない未来をこの手で切り拓いて行けるってのも、最高の仕事人生じゃないっすかね、松田さん」

そう言って笑う井岡の顔は、出会った時と変わらない『今にも崖から飛び降りそうな』前のめりの輝きに満ちていた。

4：すべてのノンデスクワーカーが、挑戦し、報われる世界へ

それから5年後。松田は数年ぶりにフーズ・サプライの工場で野口と再会していた。

「久しぶりだね、松田さん」

野口の髪には白いものが混ざっていたが、出会った当初のころのようなやつれた風合いはない。工場長として現場の管理を一手に引き受け、責任と余裕のある態度を身につけていた。

「うちも、いよいよロボットによる労働の完全代行を検討する時が来てね」

野口は工場の生産ラインを窓ガラスから眺めながら言った。

汎用人工知能がついに開発され、４００年ぶりの産業革命だとずいぶん前から世間では騒がれていた。ＡＩの技術は格段に進歩し、またロボティクスも発達したおかげで、サービス業や製造業の多くの部分でＡＩを搭載したロボットが活躍していた。ＪＲの乗務員や、ホテルの清掃やフロントも皆ロボットだ。

「けど、私はずっと現場で働いてきているからな、つい人間の持つ判断力をロボットですべて代替できるのか？　と疑ってしまうんだ」

現在も、危険な作業や難易度の高いラインなどはロボットが代わりに作業をしている。しかし、工場丸ごととなると、踏ん切りがつかないという野口の気持ちも分かった。

松田はよく分かる、と言うように頷いた。

「確かに、ここ数年のＡＩの進歩は目覚ましいです。この波に乗り遅れないことが、事業を成長させるカギとなるのは間違いありませんね」

しかし、と松田は続ける。

「現場のすべてをロボット化することで生産性が高まるとは言えません。私たちは人の持つソフトの力と、ＡＩやロボットの持つ力を融合させたいんです」

この理念は来るべきロボット社会に向けて諸岡が打ち立てたものだった。「ノンデスクワーカーの才能を解き放つ」というカミナシの創業時からのビジョンに立ち返れば、諸岡たちがやるべきことは非常にシンプルだった。

「あくまでもロボットやＡＩはツールでしかありません。人間のソフトの力と、ロボットの労働力。その二つを融合させる。すなわち、これまで蓄積されてきたオペレーションの知見と、ハードの融合こそが日本の生産性を劇的に飛躍させるための秘訣です」

諸岡は政府の有識者会議の場でも、そう度々力説していた。ＡＩは過去の事例の集積から物事を判断するのには強いが、イレギュラーな事態や前例のない事例にはまだまだ弱い。その部分を打開していくのが、長年の現場で培われてきた人間の勘やクリエイティビティである、と。

ロボットと人が融合したオペレーションの型を構築する。それが、カミナシの経営陣にとっての新たな挑戦だった。

この5年間、新しく取り組んできたのが、ＩｏＴやハードウェアの力で「現場の作業者」の働き方を変えることだった。ソフトウェアの力だけでは限界があった現場作業者の業務効率化も、今では随分進むようになった。

「カミナシがMr.Gembaの次のアップデートで加えるのは、仮想空間技術を活用して現場作業者がどこからでも自分の得意な作業に取り組めるという機能です」

松田は説明を始めた。

「今では医療の世界でリモートでのオンライン手術が当たり前になったように、製造業の現場の仕事も、仮想空間に展開されたデジタルツインに集積されたデータを基に分析し、ＶＲグラスをかけた作業者が自宅でコントローラーを用いて作業を行い、実際の仕事はロボットが肩代わりするということが当たり前になります。野口さんは、工場に出勤する必要はありません。ご自宅はもちろん、アメリカでもブラジルでも世界中のどこからでも、現場の作業に参加することができます」

野口は自動車メーカーに勤める大学の同級生のことを思い出した。彼は企画職として、先週はサンフランシスコ、実家のある岡山県と、さまざまな場所での生活を楽しみながら働き続けている。

15年前から徐々に当たり前になったリモートワークだが、現場の仕事ではなかなか実現していなかった。しかし、松田の言うことが本当なら、これからはノンデスクワーカーでも、インターネット環境とVRグラスさえあればどこでも働ける時代になる。

「現場の作業はロボットに任せながらも、必要な判断は、野口さんたち現場の指揮者が好きな場所から瞬時にできる——それだけじゃありません。働く場所が関係ないということは、人材の採用の幅が広がるということです。私たちは、この数年間ロボットと人の共同作業がもっとも素晴らしい現場を生み出すことを証明してきました。野口さんの工場でも、私の見立てだと今の2倍生産が可能になるはずです」

「本当かい……？」

「はい！」

それから1年後。

「松田さん、君の言った通りだったよ。カミナシはいつも僕たちの予想を超えてくるね」

そう語る野口がいるのは、サイバー空間上に構築されたフーズ・サプライのデジタルツイン工場だ。松田と野口はアバターとしてそこに立っている。

カミナシの新しいシステムを導入した結果、フーズ・サプライは過去最高益を叩き出した。

「まさかこんな日が僕の人生に来るなんてね。『現場の仕事はきつい・きたない』……そんな風に言われていた時代には、人生を満喫するなんて発想は一切出て来なかったよ」

本物の野口が現在いるのはスイスだ。現場に配属されてからは諦めていた大自然の中での暮らしを実現したいと家族全員で移住したらしい。この決断には松田も流石《さすが》に驚かされた。現在は3つの工場を任されているが、Mr.Gembaの導入により管理が容易になったため、仕事の量は3分の1に減ったという。おかげで午後3時からは毎日サウナでくつろぎ、週に3日は趣味のアルペンスキーなど、余暇を存分に楽しんでいるそうだ。

野口の喜ぶ顔をＶＲグラス越しに眺めながら、松田も自分の頬がほころぶのを感じた。これこそが、10年以上前にカミナシに入社した時から変わらず、自分が見たいと思い続けてきたものだからだ。

この先、未来はどうなるか分からない。働く場から人が消え、人類は仕事をしなくても生きていける日が来るかもしれない。

世界の変化に従い、労働現場のあり方も変わっていく。時代のニーズに従うのか、それとも抗《あらが》うのか。変化を幸せだと捉えるか、不幸だと捉えるか。

ただ一つ言えるのは、「働く」ことは人間にとっての生きがいであるということだ。その形が進化すれば、人間はさらに繁栄していく。明確な理由はないし、説明もできないが、生きがいとしての労働を、社会を支える生産現場を、カミナシはきっと時代の先端を走り抜けながら、アップデートしていく。それは、創業当時から変わらない。きっとこれからもそうだ。

工場のモーター音と、満足そうな野口の顔。その二つをすぐ目の前にし、

――この会社に入ってよかった。

自身に直感的に降り注いだ楽観的な未来予測と、人生に対する深い満足を体中に感じながら、松田は深く頷いた。

（了）

＊1　ＳａａＳ
「Software as a Service」（＝サービスとしてのソフトウェア）の略称。従来型のソフトウェアはライセンス販売されているものをＰＣにインストール、起動して利用するが、ＳａａＳはクラウドにユーザーがアクセスすることで利用できる。アクセスの自由度、導入および管理のコストが少ないなどのメリットがある。Ｚｏｏｍなどのウェブ会議システム、ジョブカンなどの管理システムが該当する。

SFプロトタイピング導入を経て――
「自社の未来像の共有で社員のモチベーションが向上。具体的になりすぎない〝余白〟が想像力を働かせてくれる」

株式会社カミナシ代表取締役CEO・諸岡裕人氏

元々、カミナシのビジョンを作る必要性を感じていました。ところが、よくある企業のビジョンは、Ｗｅｂサイトに真面目な言葉で書いてあるのが一般的。しかし、私自身がそれらを読んでも心を動かされることはなかったため、どうしたら心が動くような伝え方ができるだろうかと思っていました。

ＳＦプロトタイピングでは、自社の未来を考える前にまず大枠の社会像を設定し、そこから自社の未来まで落とし込んでゆきます。普段の思考過程では行わない「マクロを先読みする」というステップを踏むことで、思考モードを変え、自社の現在と結びつく世界観をセットし、そこから逆算したビジョンを描き出せたのが非常に良かった。

また、小説というワンクッションを置くことで、ビジョン・未来感など普段頭の中に眠らせているアイデアを交換・公開する「恥ずかしさ」がなくなり、それを仲間たちと共有することで足並みが揃えられると感じました。

ワークショップの過程でも、SFだから何でもアリなんだとルールを作ってあげると、みんなストッパーが取れて、とんでもないことでも話し始めます。「土地じゃなくて、空地《そらち》ができます」とか、何それ？　みたいな（笑）。「えっ、こんなこと考えていたの」と思うような鮮やかな発想をする社員もいて、メンバーへの理解も深まりました。

最終的には、ワークショップで出てきた社員からのアイデアも盛り込みつつ、僕が考えた２０４０年に至るまでのカミナシの軌跡を小説の形で執筆し、それをアウトラインに小野美由紀さんに1万２０００字の完成版を作成してもらいました。

私たちは「ノンデスクワーカーの才能を解き放つ」をスローガンに、現場のＤＸ化を進める企業です。多くのノンデスクワーカーは現場で働く人たちで、大切な仕事ですが、頑張っても報われないことがあります。テクノロジーの力を借りてノンデスクワーカーが挑戦し、報われる世界を創造したいと考えて物語にしました。

出来上がった物語はコーポレートサイトに掲載するだけでなく、ルーズリーフ形式の冊子にし、クライアントや採用候補者に配布できるようにしました。なぜルーズリーフ形式かというと、2年後には社会情勢や技術の発達と共に、私自身が全く違うことを考えている可能性もあるので、考えが変わった部分は差し替えられるようにしたのです。小説で書いた「ビジョン」に「ミッション」「バリュー」を加えた3部構成になっていて、カミナシの目指すものがより伝わる内容となっています。

結果として、我々は非常に大きなメリットを得ることができました。

自社の未来像を描く具体的なシナリオを一つ描けたことで長期的な視点での戦略立案が可能になり、事業の持続的な成長を支える基盤が強化されました。プロジェクトの初期段階でのリスク評価や、将来的なシナリオプランニングにも役立っています。

現在の価値観からビジョンを描くのではなく、すでに変化している価値観を前提として小説化することで、全然違う「当たり前」に思いを巡らせ、社会の変化をとらえた上でビジョン策定できるというのは、今後の事業を考える上でも大いに役立つでしょう。

また、SFプロトタイピングの導入により、社員のモチベーション向上も図れました。導入前は会社として目指すべき未来像がまだ私の頭の中にしか存在せず、なかなか言語化して社員に共有することができなかったのですが、未来のビジョンを共有することでチーム全体が同じ方向を目指せるようになり、会社として一体感が生まれました。

ビジョンを言葉で伝えるとき、抽象的すぎると伝わらないけれど、かといってガチガチのスローガンでビジョンやミッションを固めてしまうとトップダウンになり、社員の共感が得られない恐れもある。SFプロトタイピングの良いところは、具体的になりすぎないところです。余白があって、みんなが想像力を働かせられる余地が残っている。いいあんばいなんです。

それまで採用に苦労していたのですが、読んだ人が「入社したい」と言ってくれて。いま、社員は70人ほどですが、9割が物語を読んで入社してくれた人たちです。「物語で人は動かせる」と感じました。

このプロセスを通じ、各社員がこの目指すべき未来像に対する自身の役割と貢献をより深く理解でき、積極的に新しいアイデアを提案するようになりました。

また、メトリクスの延長ではなく、未来の社会や未来の人物から逆算して作った顧客像はリアルだし、共有しやすい。例えばカミナシですと「弊社のサービスで、小説の中に出てきた工場長の野口さんを幸せにしたい」とか、共通言語化できるのが素晴らしいと思いました。

こうして作成した「カミナシビジョン２０３０」は社外からも評判が良く、働き方をアップデートした取り組みを表彰する「WORK DESIGN AWARD 2022」において、ニューカルチャー部門賞を受賞しました。

ベンチャーやスタートアップはカルチャーやビジョンへの共感がないと続かない。カルチャーやビジョンをどう伝えるかが課題というか、永遠のテーマですが、かっこいいスローガンだけでは伝わらない肌触りのある未来像をＳＦプロトタイピングによって伝えることができたと感じています。

（談）

第5章

社内ワークショップをやってみる

誰もがSF短編小説を書けるようになる

佐々木　SFプロトタイピングの依頼が来た場合には、実際どういうプロセスで進んでいくのか。依頼する側にとって、一番知りたいところはそうした具体的な部分になると思います。この章では、どのような過程を経てプロトタイピングができるのか、クライアント企業との接触の中で行っていくことについて触れていくことに致します。小野さん、これまでのご経験に沿ってお話しいただけますか？

小野　はい。まず、最初にすることは、クライアントへのヒアリングから企業ニーズを汲み上げることです。

先方の企業は、いろいろなニーズを持って、SFプロトタイピングに臨まれています。直接、製品開発に活かしたいという場合もありますし、あるいは、従来の企業ビジョンでは時代の流れについてゆけなくなりつつあるので、新たなビジョンや方向性を模索するために役立てたい、とか。採用に関する姿勢や将来の目指すべき姿を、いち社員やいちカスタマーの視点から小説化して、採用サイトや採用候補者に配る資料に掲載したい、といったものなどもありました。

佐々木 さまざまなニーズに応用できますね。

小野 はい。また、PRイベントでの一つの企画として展示したいというケースもありました。

佐々木 なるほど。

小野 そうしたニーズを聞いたうえで、何人かの社員の方、あるいは全社員を対象に、未来の社会を想像するワークショップ（以下、WS）を開催します。例えば、自分の会社が持っている技術を、そこでどう展開できるんだろう、未来にはどんなふうに進化しているだろう、2050年のわが社のカスタマーはどんなことを望んでいて、どんな課題を持っているか。そのときのわが社はどんなふうになっているのかなどを、一つひとつ具体的かつ細やかに想像していくWSを重ねていきます。

佐々木 そこで出てくるアイデアには、正解がないんですよね？

小野　はい。むしろ一定の正解を決めてそれを求めてしまうと、前述のような「線形の未来」になってしまい、思考が硬直するのでおすすめはしていません。さまざまなＷＳを取り入れることで徐々に思考がほぐれていき、ある意味「ぶっ飛んだ」未来を考えるトレーニングを積んでゆくことができるのです。最終的にはＷＳに参加していただいている社員の方々の一人ひとりに、ＳＦ短編小説を書いていただくことになります。

佐々木　今まで小説なんか書いたことない人が書けるの？……と皆さん思われるようですけれど、書けてしまうものなんですよね。

小野　そうなんです。最初はそんなふうによく言われるんですけれど、大体書けますから（笑）。私がこれまで開催したＷＳでも、書けなかった人は一人もいませんでした。

佐々木　なぜ書けるようになるのだと思いますか？

小野　作品を書くに至るまでに、一人ひとりの想像力を広げるＷＳを積み重ねてゆくので、問題ありません。

佐々木　ただ、２０２０年代の現在を起点として、未来の世界やそこで生活する人々の嗜好がこうなっていくんじゃないかと、いきなり想像するのはちょっと難しいですよね。

小野　そうですね。だから、WSでは正解や不正解があるような状態を一旦外して、どんな突飛な未来でもいいからまずは一旦想像してみよう、まずはどんなものであっても正解として考えようと仮置きすることで、思考がほぐれるというか、思考を止めてしまっているキャップを外すことができるんです。そこからバックキャスト的に「可能性の高い未来」に収束させていきます。

生成AIに平均値でない「外れ値」は出せるか

佐々木　日ごろの業務の中で考えると、PDCAを回さなければいけないとか、コスト意識を持った具体的な事業プランを考えろとか、未来を考えるうえでどうしても現実による縛りが出てきますよね。もちろん、それは不可欠なことですし、結局はビジネスですから、突拍子もないことばかり考えていては成果も上がらなくなるし、せっかくの想像力も現実の脇に置かれたままになってしまいます。

でも、現実の縛りは思考を制限してしまう。だから、一旦２０２０年代の現実から切り離して、一回遠くに行ってみようと。そうすることで想像力のはばたきが生まれて、それを経て具体的に考えてみることで、これまでのような現実に即した視点とは全く違う地点から企業の持つ課題に光が当たったりとか、思わぬところに目指すべき方向性があることに気づかされるものなんですよね。

小野　そう思います。すでに企業の目指す方向性が決まっていて、それを具体的な小説にしたいという場合でも、一旦はそこから離れて、ＷＳで出てくるアイデアの意外性を楽しむ姿勢でいることをおすすめしています。

佐々木　そうですね。昨今では生成ＡＩの普及が顕著ですし、精度も上がっているから、きちんとした指示を出せば、ある程度どんなテーマに関しても答えてくれるのですが、平均値しか出てこないんです。ＳＦプロトタイピングに求められるのは、そうした生成ＡＩの回答を超えた「外れ値」であることの意味なんですね。

あらゆるものをファクトとエビデンスによって求めていくと、導き出されるのはほぼ平均値になってしまいます。これがＬＬＭ（Large Language Models＝大規模言語モデル。生成ＡＩの言語処理能力）の魅力であり限界でもある。リアリティや生々しさ、外れ値こそが、人間の想像力です。

もちろん、ＬＬＭにあらかじめ条件設定を加えることで傾斜をつけることはできます。ポエム的な表現をすることもできるけれど、それはあくまでも平均値に色をつけているにすぎず、跳躍の部分がないんですね。想像力が今後、一番大事なアドバンテージになるでしょうね。

未来への解像度を上げていく

小野　これはＳＦプロトタイピングならではのメリットと思うのですが、小説は一人称の視点で書かれることが多いじゃないですか。主人公が見ている世界の眺めを細かく書いていくというか。企業活動の中だと、やっぱりどうしても「自分」という「個人」よりも「企業」としての視点が重視されますし、企業としての姿勢に同化してアイデア出しをすることになると思うんです。

でも、一人称で小説を書いていくと、社員の方の一人ひとりが主役になりやすいというか、普段会社では口にしないような思わぬニーズや欲望、あるいはペイン（解決したい部分）にフォーカスしやすくなってきます。

佐々木　企業として考える未来とは何かということと、実際にWSを繰り返すことで現出してくる社員一人ひとりが想像する未来、こうなっていてほしいというサービスのあり方は、結構、乖離しているように見えてくるものなのでしょうか。

小野　乖離しているというよりも、現場の社員のほうがディティールの細かい未来像が見えている可能性があるということです。企業が深い洞察なしに未来像を描こうとすると、どうしても「どこかで見たような未来像」になったり「キラキラした素晴らしい未来像」になりやすいのですが、現場の人は肌感覚で社会の移り変わりを実感しているわけですから、「いやいや、そうじゃないよ」と。また、社員一人ひとりが実感している「その企業のカラーや良さ、大事にしたい企業文化」も表面的に企業が語るものとは異なっている場合がある。それが、具体的な未来の物語になって表出したときに、顕著になりやすいということです。

ワコールのプロジェクトでもそうですが、最初は「不老不死」というテーマで行っていましたが、次第に「ちょっと違うぞ」ということになり、最終的な社員一人ひとりのプレゼンでは「ジェンダー」や「コミュニケーション」「メンタルヘルスケア」などのテーマで書かれた物語が社員、特に女性社員から多く見られました。ワコールが作り続けている女性用の下着は女性のライフスタイルに寄り添うものなので、よりその特色が社員が企業の未来像を描く際に大事にしたいものとして表出したのではと思います。私が書いたSFプロトタイピング作品（第3章参照）も、それらのトピックを盛り込んだものにしました。

佐々木　紋切り型の未来像から、肌感覚のある未来像に解像度を上げていくと、実は個々人にとって不老不死が必ずしもハッピーではないのかもしれないということが見えてきたわけですね。

小野　企業体として目指すビジョンを考えているときには口に出しづらかった、個人の肌感覚として感じる不安や恐怖みたいなものが、WSを重ねるごとに炙り出されてきて、本当に企業として目指していく未来はそっちでいいのか？

という疑問が湧いてきたのでしょうね。

佐々木　では、ここからは実際に読者の皆さんにもＷＳを追体験していただこうと思います。本書の印刷・製本を請け負っていただきました三晃印刷株式会社の20代、30代、40代の方にご参加をいただき、簡単にですが、ＷＳを行いたいと思います。ＳＦプロトタイピングで未来を想像するプロセス、思考の過程が辿れ、どんなことをやるのかが具体的に理解できるのではないでしょうか。

第 5 章
社内ワークショップをやってみる

未来の印刷会社はどうなる?「ありえそうな未来」を想像する!

2050年の世の中を想像してみてください!

印刷業界はペーパーレス化の波もあり、バブル崩壊後の1991年で9兆円の製品出荷規模をピークに、2021年には5兆円を割り込むなど紙への印刷需要が低迷している(日本印刷産業連合会調べ)。未来の印刷会社の役割はどう変わっていくのかを題材に、「ありえそうな未来」をどうやって想像していくのか。その模様を再現してみよう。ちなみに参加者は三晃印刷株式会社に勤務する3名、Aさん(47歳・男性)、Bさん(27歳・男性)、Cさん(33歳・女性)。

(このワークショップは本書のためにプログラムした1時間半の短縮版であり、実際に企業で実施する有償のワークショップとは内容やワークシートは異なります)

小野：今日はこれからＳＦプロトタイピングの手法を用いて、「２０５０年に印刷会社のビジネスモデルはどうなっているのか」について具体的に想像していきたいと思います。

さっそくですが、参加者の皆さんは２０５０年には何歳になっていますか？

Aさん：僕は73歳です。

Bさん：僕は53歳ですね。

Cさん：私は59歳です。

小野：そうなんですね。その年齢になったときに、皆さんどんなふうに生活していると思いますか？

例えば、そのころってスマホは今と同じ形してますかね？

Cさん：うーん……ちっちゃくなってくんじゃないかなと思ってます。

Bさん：僕は、スマホの形はしてないと思います。メガネみたいな。

Aさん：もう通信機器の形じゃなくて、脳に埋め込まれている？

小野：なるほど。じゃあ、そのころ、御社はどうなってると思いますか？

Aさん&Bさん：(苦笑)。

第5章
社内ワークショップをやってみる

Work1 | ○○化が進みつつある20ＸＸ年には、世界はどのように変化しているでしょうか？

また、どのようなアイデアが普及しているでしょうか？　どのようなことが当たり前になっているでしょうか。

まずご自身が関心のある領域を4つ選び、未来年表を参考にしながらその領域内で思いつく限り出してください。

それぞれの領域にまたがるアイデア、またそれぞれのアイデアのクロスポイントも探ってみましょう。

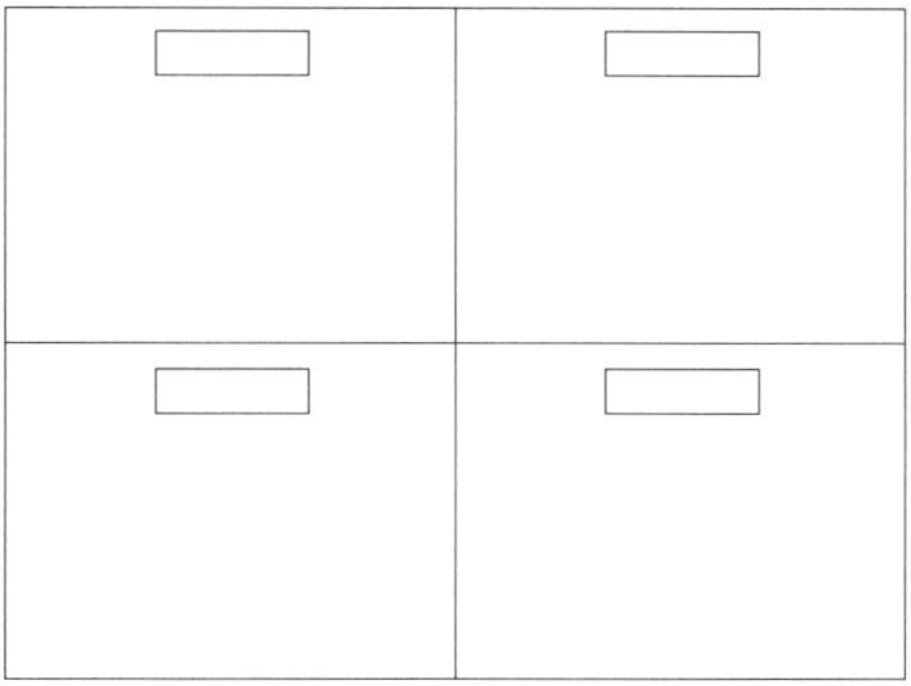

領域リスト		
インフラ	交通	物流
環境	エンタメ	スポーツ
衣食住	医療	金融
恋愛	働き方	旅行
政治	社会	教育
生態系	経済	地域
国家	暮らし	気象
家族	生殖	宇宙

Cさん：存在してるのかなっていう感じですね……。少なくとも、業態変更してるとは思います。

Bさん：デジタル技術の進歩で、今から26年後には社会も印刷関連のニーズもかなり変わっていると思います。紙はなくなりはしないと思うんですけど、割合は減っているだろうし。

小野：うん。印刷業界に限らず、社会の変化について行けるかどうか、多くの企業が不安に思っているんじゃないでしょうか。そこで、最初は印刷会社や印刷業界に絞って考えるより、まずは２０５０年の社会全体について考えてみましょう。
２０５０年の社会って、皆さんどうなってると思いますか？　例えば経済は？　福祉や医療は？　また家族の形や恋愛なんかはどんなふうになっているでしょうか？　正解不正解はないので、思いつきで構いません。「これはちょっと２０７０年くらいかな」という内容でも、「このアイデアは２０３０年ぐらいにはすでに出てきそう」みたいなことでも全然いいです。トピックを選んで、ひとまず思いつくだけ挙げてゆきましょう。

Bさん：もうすでにそうなりつつあるとは思いますが、日本経済は発展途上国レベルになっていて、日本人が出稼ぎでいろんな国に行くんじゃないかなと思います。物価高もより一層進んで。

Aさん：エネルギー資源は今どんどん変化をしていますよね。代替エネルギーが登場してくるかな……。

小野：なるほど。環境についてはどうでしょう？

Aさん：温暖化は進んでるんじゃないでしょうか。東京には住めなそうですね。

Bさん：資源が枯渇して、製造業が厳しくなってゆく。

Cさん：私もそう思います。例えば、洋服なんかはエネルギーロスが大きいので、新しいものが生産しにくくなっていて、代わりに例えば一枚で色々デザイン変更ができる服が生まれているかもと思います。

小野：なるほど。それは新しい印刷技術を使っているんでしょうか。それともサイネージ的な？

Cさん：そうです。最近、どこにでも貼れて、画像や映像を表示できる極薄のLEDビジョンが発売されたとニュースで見たので、その技術を転用して……。

小野：なるほど。

佐々木：エネルギーといえば、2050年には宇宙発電が一般化しているという予測がありますね。そうなると、もうコンセントなしで機器が動く。マシンと生き物の差がなくなってくる。

Bさん：交通のインフラというところでは、自動運転がもう完全に定着していそう。でも、文化に関していえば、日本ならではですが、そんなに大きく変わらないのかなって。

小野：なるほど。文化は変わらないと。では、例えば今、少子化が止まらないということがニュースになっていますが、労働力や日本に住んでいる人たちはどんな人ですかね？

Cさん：製造とかに関しては海外により依存してくるんじゃないのかな。

小野：日本が発展途上国レベルになって日本人が出稼ぎするようになり、海外からも出稼ぎしてもらうって感じですか？

Bさん：うーん……日本国籍者だけの労働力でやれる範囲は狭まっちゃうのかな。

Cさん：労働に関してはＡＩにかなり頼っていて、けれどその中で新しい問題も浮上して、議論が湧き起こってると思います。26年後だと。

小野：うんうん。２０５０年って、ＡＩの使用についてはまだ議論してる段階ですかね。それとも倫理的な是非なんかはもう議論の決着がついている？

Cさん：インフラやエンタメの分野では上手く活用方法を見いだしていけるんじゃないかな。エンタメで言うと、うちは書籍を印刷している会社だけど、書籍は今みたいに大量消費物じゃなくて、レコードのような感じになると思うんです。付加価値がついて。一冊1万円くらいで販売される。ファンコミュニティを対象に。

Aさん：企業のあり方に関しては、中小企業は大企業にみんな吸収されて、大企業だけになっている気がする。ワントップの状態になっちゃってるんじゃないかな。
小野：そういう状態だと、例えば働き方や労働環境ってどうなってると思いますか？
Bさん：労働基準法はなくなってるような気がします。働けるだけ働かされるような（笑）。
小野：なるほど。今いろんなアイデアが出たのですが、この中でさらに深掘りしたいアイデアを3つ選んでください。これが実現したらいいなあ、とか。
Cさん：私は、さっきの何でもプリントできる服っていうのは面白いと思いました。自分でもこんな服着たいんだよねって思いついたらその場ですぐにできたらすごいなあと。
Aさん：自動運転はもう議論が終わって、定着していてほしいですね。高齢化が進んで、運転できない人口が増えそうだし、地方都市が衰退して交通インフラが劣化したら、個人で所有できるモビリティが進化する必要がますます増えそう。
小野：逆に、皆さんこの未来は絶対来て欲しくないなっていうのありますか？　労働基準法がなくなってるとか……。

Aさん：それは嫌だ（笑）。

Cさん：日本経済が発展途上国レベルになって出稼ぎするようになる未来は嫌だけど、来そうだな……。

小野：皆さん、どれにしますか？

Aさん：じゃあ「デザインが自由に変えられる服」「自動運転」「日本経済が発展途上国レベルになる」で。

自動運転の普及で価値観はどう変わる？

小野：いいですね。

では、次のワークでは、そのアイデアが実現した未来における人々の価値観について考えたいと思います。それらのアイデアが普及した社会では、当然、人々の価値観は今とは大きく変わっていると思いますが、どんなふうに変わっていると思いますか？

Bさん：自動運転が普及したら、免許がなくなるかもしれないですよね。教習所は

Work2｜ワーク1で出たアイデアの中で深掘りしたいものを4つ選んでください。このアイデアが実現されるまでには、どのような社会の価値観の変化が起きているでしょうか？　古い価値観を「OLD」に、新しい価値観を「NEW」の欄に付箋で貼ってください。（できるだけたくさん出してください）

選んだアイデア	OLD（2024）		NEW（20XX）
付箋を貼る		⇒	
付箋を貼る		⇒	
付箋を貼る		⇒	
付箋を貼る		⇒	

いらない。

Cさん：そうですね。免許センターはなくなってそう。

Aさん：逆に、みんなが自動運転のモビリティを持つようになったらすごい渋滞しそう。

Cさん：子供まで持てるってなったら、すごいよね。ただその渋滞自体もAIがオートメーションで解決してくれるかもしれない。

Bさん：人口減少するからそんなに変わらないんじゃないですかね？

Cさん：なるほど……。確かにそうかも。

確かに自動運転が普及したら、免許返納する人もいなくなるわけで、その辺の交通規制も変わってくる。あと、車の保険もちょっと変わってくるかもしれませんね。

Aさん：絶対に「事故らない」って前提だとしたら、ほぼ保険会社は不要になりますね。

Cさん：万が一事故ったときの責任は誰が取るんだろう。すごいリスクじゃないですか？

Aさん：そこまでの担保が取れたら、自動運転は爆発的に普及するでしょうね。

佐々木：今のところの議論では、メーカーもしくは運行管理する主体が出てくるから、そこが責任取るだろうという話になっていますね。

Bさん：今だったらウーバーとか、Goアプリとかあるけど、そういうところが将来自動運転のタクシーを走らせて、そこが責任を取るとか、そういうことですかね。

Cさん：運行管理する主体のサービスをサブスクするって感じですか。

佐々木：そうですね。そのとき、メーカーと運行会社のどちらが主導権を握るかが最近議論になっています。

小野：そんな未来がきたとき、幸せになる人ってどんな人でしょうか？

Aさん：警察は交通違反の取り締まりをやらなくていいから幸福ですね。あとは、車が運転できない障害のある人とか、お年寄りとか。

Bさん：確かに。警察は業務の負担が減りますね。

小野：なるほど。不幸になる人ってどんな人でしょうか？

Bさん：免許センターの人！　あとは、運転が好きな人はどうなんでしょう？　この世界って、俺は自動運転じゃなくて自分で運転したいんだって人も駄目な世界なんですかね。

佐々木：そうですよね。趣味がドライブという人たちはどんな所で乗っているかは議論のポイントですね。

でも、それもちょっと過去の変化を考えるとわかるんですが、そもそも、昔はみんな馬に乗っていたわけですよね。仕事のために。物を運んだりとかね。でも自動車が普及した今、乗馬するシーンというと、競馬場とか、馬術をやる人のための場所でしか走れなくなっていますね。法律上、道路も走れなくはないんだけど、あんまりニーズはないですよね。車もそういうふうになってくるんじゃないかって言われています。

Bさん：なるほど、サーキットだけで走ると、なるほどなるほど。もう、その世界では、手動運転が不安で、悪いものになっちゃうんでしょうね。あとは、もう例えば自動運転が可能になったら、人が乗ってる意味がないからトラックの運転手さんとか輸送業の人は仕事がなくなって失業するんじゃないかな。

Cさん：今は運送業の人手が常に足りないですよね。うちも印刷物を運ぶのに影響していて、困ってます。けど、自動運転の登場で物流がかなり効率化されて、秒単位で時間通りに物が配達されるようになったら、利用者にとっては幸せかもしれません。

Bさん：そうですね。運輸業者は幸せだと思う。

服のデザインが自由に変えられるとどうなる?

小野：「デザインが自由に変えられる服」に関してはどうでしょうか? 価値観は変わる?

Aさん：服は毎シーズン、流行ごとに購入するものであるっていう価値観がまず変わる必要があると思います。

Cさん：例えば、洋服が販売されるものじゃなくて、自宅で自分好みのデザインをカスタマイズしていくものになったら、独自のセンスが問われる時代になるんじゃないかな。

だから、手持ちの服は何パターンかあればOKで、襟のついた服が一着、暑いときはTシャツ、冬はダウンジャケット、それだけあったらその一着でずっといけるみたいな。

Bさん：クローゼットはいらないですね。

Aさん：あと、そうなったらドレスアップするって概念も変わりそう。冠婚葬祭とかTPOに合わせるみたいな概念も今とは変わりそうです。

小野：その状況で、例えば不幸になる人って誰でしょうか？

Aさん：アパレル企業とか？　デザイナーもとばっちりを食らう気がします。

Cさん：デザイナーは今以上に減りますよね。それか、デザインを個別に販売して、権利を売るようになるかも。

デザインの配信サービスみたいなのがあって、みんな新しいのが配信されたらそれをダウンロードしてプリンティングするみたいなイメージですかね。スマホの壁紙を変えるみたいな。

Bさん：アパレルメーカーが配信サービスをやるでしょうね。ユニクロは率先してやってる気がします。デザイナー個人でも、ｍｉｎｎｅｍとかＣｒｅｅｍａみたいに個人がハンドメイド品を販売するサイトが今ありますけど、そんな感じで、独自でデザインを配信してサブスクで儲けてそう。

Cさん：サブスクの運営会社は儲かりますよね。うん。企業体質を作ったところをオープンするかもしれません。

日本人の働き方は変わるでしょうか？

小野：ありがとうございます。「日本経済が発展途上国レベルになる」……これについては？

Aさん：日本で働くより海外で働いたほうがいいという人は海外にどんどん流出していっちゃうでしょうね。今のインドとかイメージするとわかりやすいかもしれない。インドのすごく優秀な人はアメリカとかに行って、マイクロソフトとかＧｏｏｇｌｅの役員をやったりするわけですよね。

Cさん：でもインド自体は、下を見たらきりがないぐらい貧困層もいっぱいいて二極化が進んでるから、日本もひょっとしたらインドみたいになるかもしれないですよね。

Bさん：中国のコンビニで日本人が店員やってるみたいな世界って、50年先まで行かずに起こるかもしれない……。

小野：インドのほうが富裕国になってて、でもロボティクスも発展してるから、現地に行かなくても出稼ぎができる。例えばインドの寿司屋でロボットが寿司を握ってて、手の感覚が日本にいる寿司職人と同期していて、日本にいながらインドで寿司を握って外貨を稼ぐ、みたいになってるかもしれない。

佐々木：例えばお医者さんって今も遠隔で手術できるじゃないですか。だからそういう感じで日本の専門的な職務を持っている人は海外でリモートで働いて、外貨を得ていくような社会になるかもしれない。

Aさん：これはあまり考えたくないですけど、そういう技術的なものが、人から人への伝達から、人を介さないでＡＩのほうに伝達されていったら、そもそも労働力としての人間は必要なくなりますよね。私もいま、人に聞く前にＣｈａｔＧＰＴに聞いてみようってすでになっていますし。

佐々木：日本の働く人の特質って、海外とかに比べると一人ひとりの質が高いって言われているんですね。一般労働者の質が高いのが日本の特徴。もう一つ、やたらと職人気質がある。デスクワーク、現場の仕事に限らず、凝ったものを作りたがるというのが日本人の特質で、そういうものをどう活かすのか、あるいは活かせなくなるのかという辺りも論点ですよね。

Aさん：おっしゃる通りで、国内においては、出版物一つとっても、海外のものよりは作り込みはかなりいいんですよね。おそらく海外の印刷会社だと多分それはできない。その辺なんかはやっぱり日本ならではだったりする。あとは印刷業界もなんだかんだ、人と人で作られてるところもかなりありまして。技術も含めて、継承されていくものをどうやって維持しながら新しいことにチャレンジするかが今後の課題なんですよね。

Cさん：品質の高いものを求めるユーザーも多いし、それで業界が成り立ってるのかなというところもあるので、それが今後はどう変わっていくかですよね。

印刷会社の未来にどんな影響が出ますか？

小野：はい。印刷業界の話になったところで、そろそろ次のワークに行きたいと思います。今までの議論で出た3つのアイデアを、今度は皆さんの業界と結びつけて行きます。

- **自動運転**
- **一着で色デザイン全て変更できる服が普及する**
- **日本経済が発展途上国レベルになっている**

これらのアイディアが実現した社会において、あなたの業界事業はどのように変化しているでしょうか？　事業の役割はどのように変化しているか、事業のビジネスモデルはどのように変化しているでしょうか？　また、顧客はどんなことを求め

Work3 ｜ワーク1・2で深掘りしたアイデアによって、あなたの業界や企業は20ＸＸ年にはどのように変化しているでしょうか？
良い変化・悪い変化の両方をできるだけたくさん書き出してみましょう。

そのアイデアが普及した世界では、あなたの事業の役割はどのように変化していますか？	そのアイデアが普及した世界で、あなたの事業のビジネスモデルは変化していますか？　だとすればどのように？
そのアイデアが普及した世界では、あなたの顧客のニーズはどのように変化していますか？	そのアイデアが2050年には普及しているとして、あなたの事業に「今」求められる変化はどのようなものですか？

ていますか。

Aさん：自動運転に関して言うと、今は納品は運送業者に頼んでいますが、それがもっと普及したら、自分たちでどんどん納品ができて、しかもそこに人件費もかからないので、業種、納品に関しては、広がりそうです。

Bさん：もしくはドローンでバンバン飛ばすような感じですよね。

佐々木：自動運転というと、トラックが無人運転になるイメージが強いと思うんですけど、それ以外にも、例えば自動運転って、建物自体が移動できるようになる可能性もありますよね。倉庫が移動できる、印刷機械が移動できるという可能性もあります。

小野：住宅がどんどんトレーラーハウス化する。あちこち引っ越せるみたいなイメージ？

Aさん：じゃあ、例えば倉庫がそのままあちこちに移動できるとか、もしくは印刷機械があちこちに移動できるみたいなこと、起こりそうですね。

Bさん：そういう可能性もある！　とりあえず工場の近くに引っ越せますね（笑）。

Aさん：ほんと、近くにいてほしいよ（笑）。うちも、実は工場のほうに、トレーラーハウスを置いてるんですよ。急な対応のときに必要なんで。税金も安くなるし。それが拡大されるということですね。

Cさん：もう機械ごと移動販売できるようになる。でも、大ロットの印刷機械が必要ない世界になったら、移動しながら目の前でやりますみたいな話になるかもしれないですね。

Bさん：もう、デジタル印刷機が主流で、オフセットの輪転機なんかも存在しないかも。

Aさん：そうだね。印刷に関しては、大量生産、大量納品みたいなビジネスモデルは今後変化して行きますよね。小ロット注文にどんどん対応できるだろうし。

印刷会社とプリンターメーカーの関係は？

佐々木：プリンターメーカーと印刷会社の違いってどうなるんでしょう？

Aさん：今、実はデジタル印刷機をプリンターメーカーが生産してる状態になっていてですね、我々の印刷会社の中にある設備も、基本的には印刷の機械メーカーというかプリンターメーカーがどんどん入ってきてるので、逆に印刷機メーカーがどんどん業態変更していかないと、現実に、印刷機メーカーがもう廃業しはじめているところも出てきている。

Cさん：富士フイルムさんなんかもどんどん業態が変わってきてるし、プリンターメーカーのほうが元気ですよね。

小野：そうなると、印刷会社ってどうなるんでしょう？

Aさん：数十年後にはオフセット印刷が、今の活版印刷みたいな立ち位置というか、アンティーク感が出る可能性がある。インクジェットでも代替可能だけど、やっぱり再現できない品質とか風合いってあるから。

Bさん：確かに。デザイナーさんで「名刺を作りたいけど活版印刷じゃないと」って人もいて、時代が変われば逆に希少価値が出てくるかもしれない。

佐々木：印刷機器メーカーと印刷会社とクライアントの関係はどうなるんでしょう？　今まではプリンターメーカーとクライアントの間に媒介する会社として印刷会社がいたんじゃないですか。

Bさん：そうです。でも、今、大手出版社の中には印刷会社という役割を吸収して、一体化しようとしているところもあるんです。印刷機メーカーがプリンターメーカーに取って代わられることによって、印刷会社の仕事の内容も変わってくると思います。

Aさん：紙に印刷するという行為が残るのであれば、我々の役割はいくらか残るとは思うんです。作りたいものがあるとき、それを印刷用のデータに起こすところに印刷会社の役割がある。でもそこの役割までＡＩに取って代わられたりすると……。

小野：例えばですけど、今、住宅メーカーでは３Ｄプリンターの活用についての議論が盛んに行われているんですね。なんとなくこういう感じの家を建ててほしいみたいにAIに頼むと、CADソフトっていう立体デザインソフトを使ってパッとデザインしてくれて、自動でパーツに分解してくれる。それをCNCマシン（木材を切り出す機械）に転送すると、一つひとつの柱とか梁《はり》とか、家のパーツが全部3Dプリンターでプリントされて出てくる。素人でも家のパーツを自分たちで組み立てれば建設会社が要らずに低予算で家を建てられる、みたいなことが起きてるんです。

Bさん：そうなんですね。

小野：はい。今はそれでも2000万円くらいかかるんだけれども、これから先どんどん安くなって、住宅メーカーがなくても住宅が建てられるようになるっていうふうに言われています。

「世界で一着、一冊」のプレミアム感が生まれる

小野：じゃあ、そんな変化が印刷業界で起きるとしたら、どうなると思いますか？

Cさん：それ一つで最後まで本ができちゃうデジタル印刷機があったとして、例え

ば徳間書店さんがその機械を購入して、印刷部門を社内に作ったら、印刷会社は多分いらないですよね。

Aさん：今、大ロットで各クライアントがそれを行うようになったら、印刷会社はもしかしたらその中に役割がないかもしれない。紙屋さんは紙を仕入れないといけないから残るだろうけど。

Cさん：現時点ではそれを行うのに時間とコストがかかりすぎるので、印刷会社が代わりに行っていますが、もしかしたらプリンターの進化とＡＩの進化によっては、２０３０年から40年ぐらいでそれをやり出しちゃう出版社さんが出てくるかもしれないですよね。

Bさん：暗い話になってきたなあ（苦笑）。

佐々木：前にプリンターメーカーの社長と話したことがあって、プリンターはこの先どうなるんですかって聞いたら、紙に印刷するということ自体がどんどん減ってきているからあまり未来がない、その代わりに例えば文字とかイラストとか写真とか、平面のコンテンツをありとあらゆるところに転写していくことがプリンターの役割であるとおっしゃっていたんです。例えば壁面にサイネージで固定されたものに文字を載せて看板にするとか。そういう、ビジネスそのものの概念を変えていくことが必要であると。実は印刷会社さんも、同じような発想が必要なんじゃないかな。

Aさん：なるほど。そう考えると、今すぐじゃないけど、20年、30年先の未来においては、印刷会社は紙に限らずありとあらゆる場所に文字を載せる仕事をしてるんじゃないかな。

Cさん：そういう可能性を、もうちょっと想像力を膨らませて考えても良さそうですね。

そう考えると、この一着でデザインを変えられる服っていうのは、印刷会社と関係してくるんじゃないかなと私は思います。

Bさん：そうですね。今の、大量印刷、大量納品のスタイルも変わってくるかもしれないですよね。大量のロットが必要って言っても、それが10万、20万って世界ではなくなってきている。今、そうなりつつあるし。

Cさん：「私だけの本」みたいに、世界で一冊のプレミアム感みたいなのを出すのが当たり前になるみたいな。ファンビジネスと結びつけば、結構そこに新しいビジネスモデルが生まれてくるんじゃないかなとは思うんです。

Aさん：「高価格帯」ってところに商機がありそうですね。さっきの住宅の話と同じように、ぱっと命令したら自分だけの一冊が出てくる、みたいな。

Bさん：アイドルのファンはチェキにお金を払うけど、あれってその空間にその人と一緒にいたっていう思い出を残すためで、高価格がつくわけだから、ライブ会場に超小型の印刷機があって、その場でその人だけのアルバムが一冊すぐポンッてできますみたいなこともできるようになりますよね。

主人公像を設定して小説を書いてみよう

小野：というわけでですね。今までの議論を踏まえて、本日のメインワークに入りたいと思います。

「2050年のあなたの事業の顧客になりきって一日を想像し、400字で小説にしてみましょう。その際にあなたの事業との接点を意識して創造し、盛り込んでください」

Aさん：マジかぁ……。

小野：はい（笑）。今の流れだと、超小型の印刷機の話が中心になっていましたけど、そこから外れても良く、ワーク中に出たアイデアだけでなく、皆さんそれぞれの考えやアイデアと結び付けても良いので、「２０５０年には御社が今と同じことはやり続けていないだろう」という前提で、書いてみてください。

ヒントとして、まず顧客はどんな人か、という主人公像を設定してみると書きやすいでしょう。例えば、お年寄りなのか、若者なのか。日本人なのか、外国人なのか。あるいはハンディキャップがある人だったり、色々な可能性を考えてみてください。あとは、その人が何に不満を持っていて、どんな趣味があり、何が好きでどんな暮らしをしていて……っていうのも。２０５０年の暮らしって、かなり今とは違うはずなんで。

――（10分経過）――

小野：では、そろそろ発表タイムです。Ｃさん、いかがでしたか？

Cさん：まだ途中で、プロットしか出来上がっていないです。

小野：全く問題ないですよ。世界観だけ出来上がっていれば立派なＳＦプロトタイピングです。

Cさん：その時代の弊社は、ＢtoＢだけじゃなくＢtoＣ、つまり一般のお客様も扱っているという前提で考えて小説を書こうとしていました。

　主人公は「初めて日本に来た外国人」、趣味で自分で漫画を描いたり、ファンアートを描いたりしている人で、いつか自分の描いた漫画を、コミックスにしたいと考えている。たまたまＹｏｕＴｕｂｅでオリジナルコミックスを作っている日本の会社を見かけて行ってみようと思って遊びに来る。で、その日本滞在中の旅行記だったり、元々描いていたものを、オンラインで24時間データを飛ばして、ＡＩが製版したりカラーリングして、帰りの空港で製本したものがピックアップできる――ということを考えていました。

Bさん：面白い！　もう、どこの場所からでも都度、データを飛ばせるんですね。

Cさん：空港に印刷機があるんですかね。そうですね、もしくは街中の一角でピックアップできる感じかな。

小野：なるほど、ありがとうございます。日本のカルチャーの強みみたいなものも反映されているし、印刷会社の強みもしっかり含まれている。もし、この世界観に他のＩＴ技術だったりサービスみたいなものを組み合わせて発展させるとしたら、どうでしょう？

Cさん：ゲラをメタバース空間で３Ｄで見られるようにして、それと全く同じ現物が、最後に空港で渡されるのはどうでしょうか。

小野：いいですね。どんなものができるかオンタイムで確認できるってことですね。

次はＢさん、いかがでしょうか。

Bさん：紙だけじゃなく、身の回りにあるもの全てに対して、印刷ができるようになった時代に、同じものは二つとしてなく、人それぞれがオンリーワンのものというこだわりを反映できる時代を想定して、それに応えられるようになった印刷会社の姿を考えました。

小野：いいですね。御社としても、紙だけじゃなくそのほかのものへのプリントを考えているんでしょうか？

Bさん：素材作成や、漫画のカラーリングだけじゃなく漫画そのもの、コンテンツ作成に取り組むことも想定してます。

佐々木：オンリーワンのものが、小ロットで印刷機から生成されるという方向ですよね。同じものが二つとないっていう。それって最終的に僕は工芸品になるんじゃないかなと思っているんです。

小野：なるほど。

佐々木：かつての本って大量生産される以前は、羊皮紙に一枚一枚手書きで作っていたわけですよね。その工芸品に本が戻っていき、しかもそれは純粋に人間の手だけで作ったものじゃなくて、デジタル化された工芸品、例えばメディアアーティストの落合陽一さんが、民芸のテクノ化という話をしていて。デジタル技術によって一人ひとりがアーティストになれる。そこに印刷会社が結び付けば、プリント技術とアートの未来が接続するなと思いました。

小野：希少価値、固有性を追求するってことですよね。

Bさん：大量生産品だったものが希少性を追求するものになる、原点に戻るっていうのは不思議な未来ですよね。インディーズな出版社が最近増えてますけど、小部数高価格で、本当に必要なものを必要な人に届けるために印刷するって時代になるのかも。

「推し活」を支える未来の印刷会社の役割

小野：Aさんはいかがですか？

Aさん：僕も小ロットの発想から書いてみました。読んでみますね。

私は一般的な企業に勤める40歳独身男性だ。最近の週末はもっぱら◯◯ちゃんの推し活が生活の基盤となっている。これから私にとって一大プロジェクトである、◯◯ちゃんハウスでの1週間の生活が始まる。「◯◯ちゃんハウス」は壁紙、食器、家具、あらゆるところに◯◯ちゃんの姿がプリントアウトされている。◯◯ちゃんとそこで生活し、そのときのツーショット写真を世界で一冊しかないアルバムにプリントアウトしてもらえるのだ。私はこの子は乱立するアイドルグループの核になり、かつアイドル業界のトップを担う可能性のある子だと思っている。そこに到達できるようサポートを続けたいし、そのために今回の出費の50万円はいわば必要経費だと感じている。競争が激しいこの業界は、短い活動期間で結果が出なければ引退してしまうため、早く結果を出したい――。

佐々木：素晴らしいですね。その光景が目の前に見えるようです。「推し活経済」って今後も広がって進化していくでしょうね。誰かを推すことが自分の自己表現にもなり、ある種の承認欲求を満たすことにもなる。推し活に付随した新しい産業がこれからどんどん生まれてくることを考えると、それを支える立ち位置に印刷会社が収まれば、今後の活路があるんじゃないかと思いますよ。

小野：では、今、皆さんから出たアイデアを全部まとめて一つのショートショートにしてみましょう……。

――（10分経過）――

小野：こんな感じでしょうか。

〈厳しい日差しがワゴンの窓から射し込み、この地で始まる生活の予感となって僕の肌を焦がしている。

地上に降り立ち、辺りを眺める。一帯は鬱蒼《うっそう》としたジャングルに覆われ、みずみずしい植物の匂いが鼻を突いた。こんなところに出張なんてアンラッキーだが、この地でしか行えない仕事なんだからしょうがない。

補助ロボットがワゴンの後部から荷物を下ろし始めた。積載していた３Ｄプリンターが地面に設置されると、僕はＡＩゴーグルを装着しスイッチを入れた。地球上のどこにいても衛星発電所からの送電を受けられるため、今やほとんどの機器がコンセントレスだ。３Ｄプリンターにあらかじめ用意していた住居データを読み込ませ、中継地点で積み入れた木材が家のパーツの形に切り出されるのを待った。

この地でこれから１ヶ月暮らすのだから、できるだけ日本での家と同じ環境を作りたい。パーツが切り出されるそばから補助ロボットが組み立ててゆく。あっという間に１Ｒくらいの大きさの家が完成した。木材の家は遮熱性が低いため、壁紙の遮熱レベルを最高に設定し、印刷ボタンを押す。壁紙がプリンターからあっという間に吐き出される。どんな素材にも印刷できる超小型印刷機をドローンにはめ込み、スイッチを入れると、地面に広げた壁紙の上を自由自在に飛び回り、僕の大好きなアニメキャラ『印刷天使　ぷりんちゃん』の姿があっという間にプリントされてい

く。印刷会社がやっている印刷データのサブスクでダウンロードしたもので、日本の家と全く同じ空間が出来上がったことに僕は満足した。

地球上のどこであろうと、大好きなぷりんちゃんと24時間一緒にいたい。補助ロボットに運び込ませたエアソファに腰掛けると、僕は新しい住居が完成したことに安堵のため息をつき、出張直前に参加したファンイベントでボーナスをはたいて購入した５００部限定のプレミア設定資料集をゆっくりと眺め始めた。〉

小野：……印刷のニーズって紙以外にも広がっていくと思うし、２０５０年だったら多分、素材のバリエーションも今とは比べ物にならないくらい広がっていて、それらに適合した印刷技術みたいなものってこれから必要になってくると思うので、それに対応するのって印刷会社さんの役割かなと。印刷機に配信するデータの制作・管理と配信サービスみたいなことも多分印刷会社さんの役割かなと思い、ちょっと入れてみました。

Aさん：面白いですね！　実現したらいいなと思う世界観です。

小野：今回は駆け足でワークを行いましたが、実際には事前に「最先端の技術はここまで来ている」という知識のインプットや、未来の兆しに関するレクチャーを行い、未来に対する解像度を上げた状態で何回かにわたってワークショップを行ってゆきます。

Aさん：実はうちの会社って今年で96年目なんですが、今、過渡期にあるので、こうした未来に関する発想がまず必要だなと。一見「2050年」って遠い未来に思えるけど、一つ一つのアイデアを精査してゆくと必ずしも非現実ではないな、と。一旦「ぶっ飛んだ未来」を描き、バックキャストすることでそこから実現可能なアイデアに落とし込んでゆけますよね。こうした斬新なアイデアが出るような仕組みを弊社でも継続して作ってゆきたいと思っているので、SFプロトタイピングを取り入れてゆくというのは非常に有意義だなと思いました。

（構成・小野美由紀）

不都合な未来とどう向き合うか
〜あとがきにかえて〜

佐々木　ここまでお読みいただきありがとうございました。ＳＦプロトタイピングが何をもたらすのか、そして僕と小野さんの同名のスタートアップがクライアントにどのようなアイデアを提示できるのか、大枠のご理解をいただけたことと思います。

最後に触れておきたいのは、企業側が未来のビジョンを考えるうえで陥りやすい部分です。大半の企業が「これからこういう社会ができます」「それはみんながハッピーになれる未来です」など、例えばＳＤＧｓのようなソフトなユートピアを描きがちじゃないですか。未来にはきっと今よりすごく便利な製品がたくさんできていて、現時点で抱えている課題が解決していて、誰もがハッピーになれている、みたいな。でも、僕たちが行っているＷＳでは、そういった漠然とした模範的な未来を描くだけを目指してはいません。

小野　そうですね。企業としては、どうしてもユートピアとしての未来社会を描きたくなってしまう傾向があります。そもそも人間の根源的な恐怖や不安といった負の感情は、未来の語りの中では弾かれがちなんですね。でも、都合の良いことばかりが起こる未来なんてあり得ません。それも含めて考えていかないと、リアリティある未来像は描けないんです。そういったネガティブな要素というのは、社員一人ひとりに「自分たちが未来を生きる当事者である」という意識がないと、どうしても出てこないものなんです。

企業への最初のヒアリングの段階では、プロトタイピングの小説に関して「ハッピーな未来を描いてほしい」とリクエストされることが多いのですが、あまりお勧めはしません。その企業の現在のカルチャーにはあることが、未来にはなかったりもします。細分化していけば、その企業が行き詰まってしまう未来だって考えられます。きらきらとしたハッピーな未来だけを考えるのではなくて、むしろ「不都合な未来」を考えていったほうがいいと思います。危機管理とか、不利な状況に陥ったときにこそ、むしろビジネスの新たな脈を見つけられる場合もありますから。

佐々木　綺麗事ではない未来を描くことも、サービス開発やビジョンをつくる

不都合な未来とどう向き合うか

〜あとがきにかえて〜

うえでは極めて大事なことですからね。ＷＳを重ねるごとに小説を書けるようようになるということは、つまり、このＷＳには、参加する社員の方々から「自らが未来を生きる当事者だ」という意識を引き出して、「自分事化」して考えさせる力があるということなのでしょうか？

小野　そう思います。綿密にＷＳを重ねることで引き出していきます。それをやっておかないと、どこかの映画とかアニメで見たことのある、ありきたりな未来しか描けなくなってしまうんです。

佐々木　なるほど。生身の人間がどう感じるのかということが大事なわけですね。つまり、本当に美しいユートピアに対して、消費者の誰もが平和や安全や幸せを感じるかはわからないですよね。「一見すると、すごい平和で安全なんだけれど、果たしてそれでみんな本当に幸せなのか？」「幸せではないとしたら、そこに一体どんなニーズがあるのか？」みたいなことが、ナラティブ（物語）ベースのＷＳを繰り返すことで、参加者個々の中から引き出されていくということなんでしょうね。

小野　はい。ＳＦ小説にすることのメリットに「個別化」があります。社会がこれだけ多様化していると、世代やジェンダー、社会階層、クラスターによって、「何が幸せか」が変わってくると思います。主人公の属性をどこに置くかによって、それが細分化して見えてくる。

主人公がその時代におけるマジョリティであるかマイノリティであるかによって、その視点からの景色はまったく別物になってきますし、年齢設定によっても、不満やニーズは変わっていきます。

だから一見、多くの人たちにとってディストピアな未来が描かれたとしても、一部の属性の人たちにとっては、実はユートピアだったりすることもある。ディストピアであったとしても、人々が潜在的に抱えるニーズを何かしら満たしている部分があることも考えられます。

未来世界を生きる「個人」がどう感じるのか

佐々木　そこでふと思い出したのが、1980年代ぐらいにブームになったジョージ・オーウェルの小説『一九八四年』(ハヤカワ文庫)です。1949年

不都合な未来とどう向き合うか

〜あとがきにかえて〜

に書かれた作品で、監視社会が進んでディストピアとなった１９８４年の未来社会を描いたものです。この作品がきっかけとなって、監視社会はけしからんということを一斉にメディアが指摘するようになりました。けれども、その時点では、誰もが「監視は良いものか、それとも悪いものなのか」に関して、あまり明確に考えないままで話していたんですね。

小野　「監視＝すべて怖い」という結論ありきで、世論が造られてしまった印象ですね。

佐々木　それが21世紀に入ると、例えば、この5〜10年でだいぶ普及してきたドライブレコーダー（以下、ドラレコ）があります。ドラレコを付けることって、大枠で言えば監視じゃないですか。けれども、これをクルマに装着することで、万が一交通事故に遭ったときに、その現場を撮影した映像が記録されていることによって「自分は正しく運転していた」ことを証明できる。つまり、公正さを証明するためのツールとして普及していったわけです。そうすると、監視とは必ずしも悪いことばかりじゃなく、いいこともあるのだということが見えてくる。

小野　実際に取り入れてみないとわかりませんからね。

佐々木　だから、ステレオタイプに「これは悪だ／これは善だ」「これはユートピアだ／これはディストピアだ」というふうに決めつけるのではなく、リアリティを持って考えれば、極端に切り捨てることができないものはたくさんあります。ケースバイケースのリアリティを掘り起こすことも、ＳＦプロトタイピングの大きな意味の一つだと思うんですよね。

小野　そうですね。今の例で言うと、１９８０年代の「監視社会は悪だ」と言っていた時代にＳＦプロトタイピングがあれば、「例えば30年後、運転を全部録画することが義務付けられていたら――一見すると監視のようだけれど、中にはこんなメリットもある」と潜在的なニーズにいち早く気づけて、ドラレコなどの機器の開発・導入が現実より加速していたかもしれません。そういうことがＳＦプロトタイピングでは可能になります。

現在であれば、「将来的に人間の仕事はＡＩに乗っ取られる」とたびたび言われていますけれど、実際に２０５０年を生きる個人のユーザーに視点を置いたうえで、ＡＩがどういうふうに使われているかを小説の形で想像してみると、

不都合な未来とどう向き合うか

〜あとがきにかえて〜

意外とそこには、受け身で言説を摂取しているだけでは見えてこなかったものがあるんじゃないかと思うんです。

佐々木　そうですね。ユートピアの部分もあればディストピアな部分もあり、それらをSF作家の想像力で掘り起こして、リアルな生身の感覚を物語として感じることで初めて、20年、30年先のマーケットのありようとか、消費者の考え方や傾向などが浮き彫りになってくる。それこそがSFプロトタイピングの一番大きなメリットなのかもしれないですね。

佐々木俊尚

Toshinao Sasaki

作家・ジャーナリスト。1961年兵庫県生まれ。早稲田大学政治経済学部中退。毎日新聞記者、『月刊アスキー』編集部を経て、2003年よりフリージャーナリストとして活躍。ITから政治、経済、社会まで、幅広い分野で発言を続ける。最近は、東京、軽井沢、福井の3拠点で、ミニマリストとしての暮らしを実践している。2006年には国内の影響力のあるブロガーを選出する「アルファブロガー・アワード」を受賞。2010年には『電子書籍の衝撃 本はいかに崩壊し、いかに復活するか?』(ディスカヴァー携書)で情報・通信分野に関する優れた図書に贈られる「大川出版賞」を受賞。『「当事者」の時代』(光文社新書)、『レイヤー化する世界』(NHK出版新書)、『時間とテクノロジー』(光文社)、『現代病「集中できない」を知力に変える　読む力　最新スキル大全』(東洋経済新報社)、『Web3とメタバースは人間を自由にするか』(KADOKAWA)、『この国を蝕む「神話」解体』(徳間書店)など著書多数。

小野美由紀

Miyuki Ono

作家・脚本家。1985年東京都生まれ。慶應義塾大学文学部卒。小説、エッセイの著作多数。2000年に発売されたSF小説『ピュア』はnoteで早川書房最多の20万PVを獲得し脚光を浴びる。本書はイタリアでも出版され話題を呼んだ。日本におけるSFプロトタイピングの第一人者として企業の未来の姿を描くプロジェクトに多数参加している。2023年10月、著述家・ジャーナリストの佐々木俊尚氏とともに株式会社SFプロトタイピングを設立した。(SFプロトタイピングに関する主な来歴)／2021年：コンデナスト・ジャパン主催「WIRED Sci-Fiプロトタイピング研究所」とサイバーエージェント共同企画「2050年の広告」SFプロトタイピングWS。上記研究所とソニーのSFプロトタイピングWS。上記研究所と東京都下水道局のSFプロトタイピングWS。成蹊高校「2050年の高校」WS。東京経済大学の授業「22世紀恋愛論」。グロービス・キャピタル・パートナーズのSFプロトタイピングWS（全３回）。株式会社カミナシでWS実施、「カミナシビジョン2030」を執筆。／2022年：グロービス・キャピタル・パートナーズのSFプロトタイピングWS。某レガシーメーカーとの「2070年の国防」をテーマにしたSFプロトタイピングWS。某不動産サービス企業にて社員研修型のWS。UZAベースが主催するソフトバンクの社内向け勉強会にて講演。／2023年：株式会社ワコールのSFプロトタイピング事業、WS実施、執筆。３Dプリンタ住宅メーカーにて社員研修型WS。大阪産業局にて「未来の住宅とコミュニティ」をテーマにしたWS。／2024年：３Dプリンタ住宅メーカーにてWS実施、執筆。自動車メーカーと筑波大学の共同企画WS実施、執筆。

装丁　木村友彦
取材協力　三晃印刷株式会社
編集　加々見正史（徳間書店）

ビッグテックはなぜSF作家をコンサルにするのか

SFプロトタイピングの実践

第1刷　2024年9月30日

著者　佐々木俊尚　小野美由紀

発行者　小宮英行

発行所　株式会社徳間書店
〒141-8202
東京都品川区上大崎3-1-1目黒セントラルスクエア
電話　（編集）03-5403-4350／（営業）049-293-5521
振替　00140-0-44392

印刷・製本　三晃印刷株式会社

ISBN978-4-19-865885-4